はじめてでも絶対作れる！

ぬい服大全

313

人形服作家
遠藤亜希子 監修

西東社

JN044109

はじめてでも
大丈夫！

はじめに

　気付けば、いつも身近にぬいぐるみや人形がいました。大好きなぬいぐるみに、はじめて洋服を作ったのは小学生のときだったでしょうか。あのときの感動は忘れられません。

　ドールやお人形、ぬいぐるみの服を作るお教室を開催して20年ほどになります。近年は、ぬいの服を手作りしたいという生徒さんがとても増えてきました。私の教室では、ゼロからの型紙作りとドール服・ぬい服に必要な縫い方などをお教えしています。お教室で誰かのドールやテディベア、ぬいのお洋服が完成するたびに、クラス全員で分かち合う喜びや楽しさは何物にも代えられません。この気持ちを生徒さん以外にも味わっていただけたら。そんな想いでこの本を手がけました。

　本書では、手芸初心者の方でも作れるように、シンプルで作りやすいきほんの9パターンから展開して、さまざまなぬい服が作れるようにしました。もちろん、ミシンがなくても手縫いや接着剤で貼るだけで作れます。PART 3ではSNSなどで人気の作家さんに協力していただき、きほんのパターンをもとにしたさまざまなジャンルの服を紹介しています。きっと、あなたが作ってみたい服が見つかると思います。

　さて、あなたはぬいにどんな服を作りますか？　この本があなたとぬいとの暮らしをもっと素敵に、もっと楽しくする手助けになれますように。

人形服作家
遠藤亜希子

CONTENTS

PART 1 推しぬい服 作りのきほん

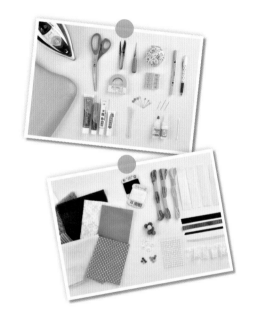

この本の作り方の手順写真では、見やすいようにあえて目立つ色のチャコペンや糸を使っています。

PART 2 きほんのぬい服 9パターン

1 Tシャツ

026

2 スカート＆
ワンピース

030

3 ズボン
（立ち、座り）

034

4 サロペット

038

5 シャツ＆
ジャケット

042

6 ケープ

046

7 パーカー

050

8 水着
（ハーフトップ、
タンクトップ、
ショーツ、海パン）

056

9 着ぐるみ

060

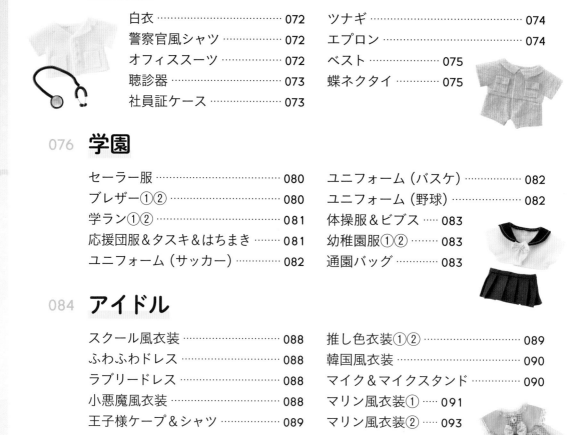

この本の使い方

ぬい服を、なるべく簡単に、でもかわいく作るためのノウハウがぎっしり詰まっているこの本は、PART1からPART3まで、3段階に分けて説明しています。はじめての人も自信のある人も、まずは準備からはじめましょう。

PART1

まずは準備！

縫う前に知っておきたいことをまとめています。道具、材料、型紙の取り方から接着剤の付け方まで、初心者にとってたいせつな情報をまとめています。

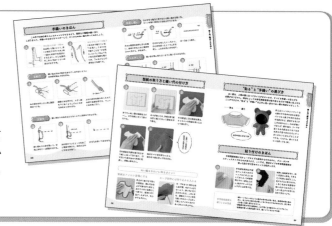

PART2

きほんをマスター！

定番の服が満載。監修者のオリジナル型紙で、なるべく少ない手順で作れるように考えられています。まずはここから作ってみましょう。定番だけど全部かわいい！

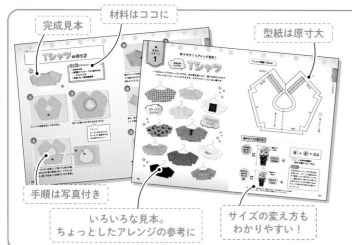

完成見本

材料はココに

型紙は原寸大

手順は写真付き

いろいろな見本。ちょっとしたアレンジの参考に

サイズの変え方もわかりやすい！

PART3

アレンジに挑戦！

PART2のきほんの型紙をアレンジした、ぬい服作家による作品を作ります。シーンに合わせたデザインはきゅんきゅんするものばかり。PART2をマスターして挑戦して！

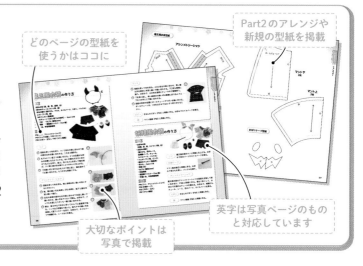

どのページの型紙を使うかはココに

Part2のアレンジや新規の型紙を掲載

大切なポイントは写真で掲載

英字は写真ページのものと対応しています

推しぬい服
作りのきほん

手芸がはじめてという人も大丈夫。
最低限覚えておきたいポイントをまとめました。
まずはここからはじめましょう。

たくさん作って着せ替えよう！

ティータイムも
ぬいといっしょ♡

花にも負けない
ぬいのかわいさ♡

妖精風衣装…P101

ぬいと一緒に
ピクニック気分☆

きほんの着ぐるみ…P60

推しぬい服作りのきほん

この本で使う道具

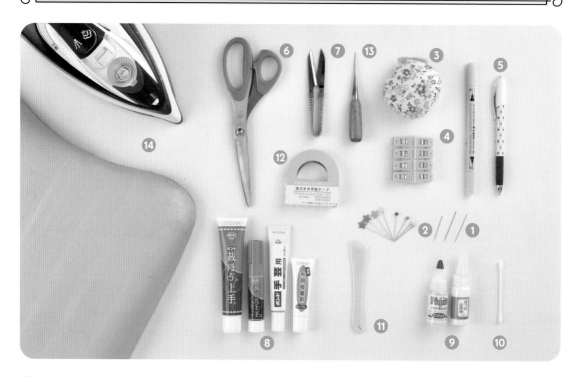

❶ 手縫い針

ぬい服を縫い合わせるときに使う。この本では「普通地用」か洋針の7〜8号がおすすめ。

❷ まち針

重ねた布や折り込んだ布がずれないように仮止めする針。アイロンの熱に強い素材のものが◎。

❸ 針山（ピンクッション）

縫い針やまち針を刺しておくための道具。据え置きタイプやリストバンドタイプなどがある。

❹ 仮止めクリップ

ボンドで貼り合わせた生地を固定したり、まち針を止めにくい部分などの仮止めに使用する。

❺ チャコペン

布に型紙を写したり印を付けるときに使う。布用シャープペンシルなどのペン状のものが使いやすい。

❻ 裁ちばさみ

手芸用のはさみでも可。布を切ったり、縫い代に切り込みを入れたりするので切れ味のよいものを。

❼ 糸切りばさみ

糸を切るときに使う。刃先が細くよく切れるものがあると、縫い目をほどくときにも使えて便利。

❽ 手芸用接着剤

布地に使える専用接着剤。この本では布を貼り合わせて服を作る工程が多いので必須。

❾ ほつれ止め液

布端やリボンなどの糸のほつれを止めるための接着液。これがあると布端の処理がとっても簡単。

❿ 綿棒

縫い代など細かい部分に接着剤を塗るときに。ヘッドの小さいベビー綿棒がおすすめ。

⓫ ヘラ

綿棒と同様に、接着剤を塗るときに使用。

⓬ 両面テープ（粘着力の弱いもの）

型紙で布を切るときに、ずれないように使用。弱粘着ゲル両面テープも使いやすい。

⓭ 目打ち

ぬい服（着ぐるみなど）を表に返すときに使う。目打ちがあれば角もきれいに出せる。

⓮ アイロン・アイロン台

縫い代を折り返したり、カーブの部分の仕上がりを整えるときに使う。仕上がりの美しさには欠かせない。

この本で使う材料

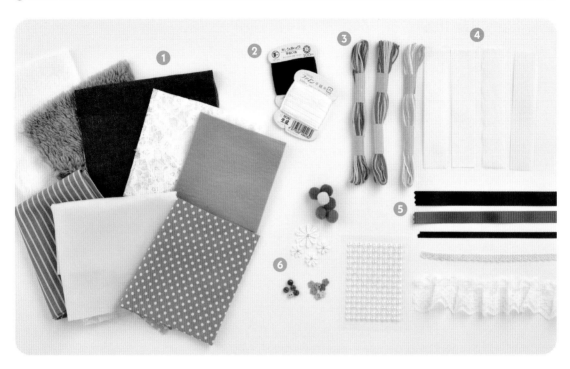

① 布
ぬい服用の生地。初心者にも扱い
やすい布については下段。

② 手縫い糸
「普通地用」の糸、または手縫い用
の50番のポリエステル糸がおす
すめ。色の種類も豊富。しつけ糸
についてはP24。

③ 刺繍糸
ぬい服に模様を入れるときに使う。
この本ではパーカーのひもとして
も使用。

④ 薄型面ファスナー
ぬい服には薄型がおすすめ。ギザ
ギザ面を「オス」、やわらかい面を
「メス」という。

⑤ 飾り類
ぬい服の仕上げにおすすめのア
イテム。リボンやレース、ネイル
パーツなどが使いやすい。

⑥ 飾りボタン
ぬい服に付けるだけで「服」感が
増すアイテム。さまざまなデザイ
ンや素材があるのでお好みで。

この本のぬい服づくりにおすすめの布

綿ブロード
目の詰まった布で
「ポプリン」とも呼
ばれる。ツヤ感があ
り、シャツやワンピ
ースなどにおすすめ。

綿シーチング
綿ブロードに比べる
と目が粗いため、さ
っぱりとした印象。
型を付けやすく初心
者にも扱いやすい。

綿ローン
ハンカチなどに使わ
れる、やや目の粗い
薄手の布。気に入っ
た柄ならハンカチを
使っても。

フェルト
手芸にもよく登場す
る布。ほどよい厚
みがあり裏表がない。
ほつれにくいので切
りっぱなしでもOK。

デニム
厚みがあり難易度
が高そうに思えるが、
6〜8オンスの厚み
ならぬい服との相性
もバッチリ。

型紙に使う道具

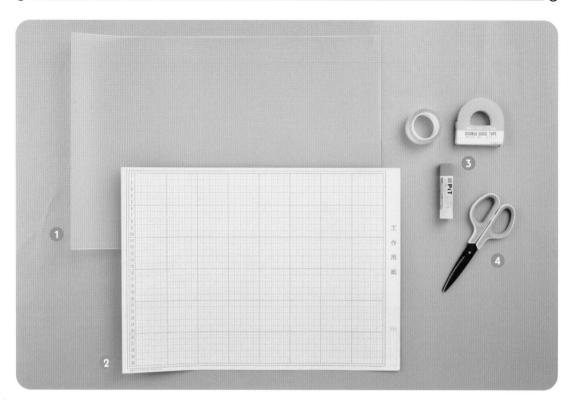

❶ デスクマット

型紙ののり貼りだけでなく手芸用接着剤やほつれ止め液使用時のテーブルの汚れ防止としてあると安心。

❷ 工作用紙（厚紙）

型紙を補強するために使う。切ることを考えてほどよい厚みのものを選ぶ。

❸ スティックのり・両面テープ・弱粘着ゲル両面テープ

型紙を工作用紙に貼るときに使用。のりは液体タイプよりスティックタイプの方が速乾性が高くシワになりにくい。

❹ 工作はさみ

工作用紙も切れる文具はさみでも可。裁ちばさみで型紙を切ると刃を傷める原因になるので避ける。

Q&A

Q　なぜ工作用紙（厚紙）が必要なの？

A　コピーした型紙を厚紙に貼ることで、布に写しやすくなります。これをそのままアイロン定規として使える（P18）ので縫い代の処理が楽にもなります。もちろん、厚紙を使わないほうが楽という人はそれでも OK です。

型紙は、コピーをして使ってね

- この本は B5 サイズです。
- この本では普通紙にコピーしたあとに厚紙に貼り付けて使用しますが、厚紙に対応しているコピー機ならば、直接厚紙にコピーすると手間が1つ省けます。コンビニなどに置いてある複合機は厚紙に対応していないものが多いので気をつけましょう。

※この本は、型紙のみコピー使用が可能です。再配布はできません。

この本の型紙について

基本用語

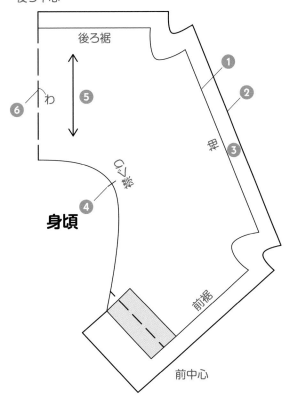

① 仕上がり線
出来上がり線。手縫いするときは、この線の上を縫っていく。

② 断ち切り線
仕上がり線に縫い代を含めた線。布に引いたこの線に沿って切っていく。

③ 縫い代
縫い目から布端までの余白となる部分。

④ 合印
パーツとパーツの縫い合わせ位置を示す目印。

⑤ 布目線
布の縦方向を示す線。布を上下、左右に引っ張り、伸びにくい方向が縦となる。布目線を縦に合わせて置く。

⑥ わ
布を二つ折り（わ）にすることを示す印。わの印がある箇所には縫い代をつけない。「わ」の線を軸に型紙が左右対称になるよう反転させ、反対側にも線を引く方法もある。

型紙の基本

型紙線は布の裏面に引く

型紙の線を布に書き写すときは、布の裏面に型紙を置き、チャコペンで線を引く。そうすることで線が表に見えることがなく仕上がりもきれいになる。

2枚の布を取るときは中表で

1枚の型紙で2枚の布を取る場合は、布の表面と表面同士を内側にして合わせ「中表」にする。ただし、この本のきほんのシャツ・ジャケットの型紙（P43）の襟は、布を外表にして貼り合わせてから片面に型紙を写す。

型紙の取り方と縫い代の付け方

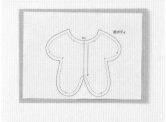

作りたいぬい服の型紙をコピーし、工作用紙にのりで貼り付ける。

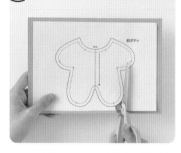

のりが乾いたら、外側の線（裁ち切り線）に沿って型紙を切り取る。

布の裏面に❷の型紙を置き、チャコペンで型紙の周りに沿って線を引く。

❷の型紙を内側の線（仕上がり線）に沿って切り取り、❸で引いた線の5mm内側に配置し、同様に線を引く。

線をすべて引き終わったら、裁ち切り線に沿って布を切る。

一度作った型紙は何度でも使えます

ぬい服をきれいに作るポイント

型紙をアイロン定規にする

仕上がり線で切り取った型紙は、縫い代を仕上がり線で折り返すときにアイロン定規として使うと、簡単に折り返すことができ、仕上がりもきれい。

カーブ部分には切り込みを入れる

カーブのきつい部分は表に返す際、布がつっぱらないよう、縫い代に切り込みを入れる。このときも、型紙のアイロン定規で縫い代をカーブに沿って倒してアイロンをかけるときれいに仕上がる。

"貼る"と"手縫い"の選び方

ぬい服は、人間の服と比べてサイズが小さいので、すべてを手縫いで仕上げる必要がありません。部分によっては手芸用接着剤で貼り付けるだけで簡単に仕上げることができます。"貼る"と"手縫い"を上手に使い分けてぬい服を完成させましょう。

- - - - 貼る　　- - - - 縫う

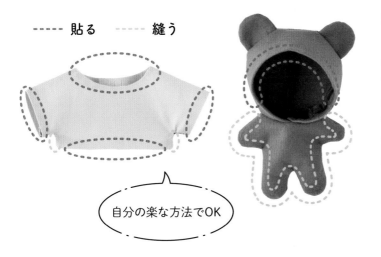

自分の楽な方法でOK

例えばシャツやジャケットなら脇の下や背中の合わせ部分、パンツなら股下や左右を合わせる部分など、着脱させるときに力が加わるところは手縫いで仕上げ、裾や袖口、フードや着ぐるみの顔まわりなどは糸を使わず貼り合わせるとすっきりきれいに仕上げることができる。もちろん、縫ってもミシンを使っても OK。

貼り付けのきほん

手芸用接着剤にはチューブタイプの液状のもののほかに、グルーガンやスティックタイプのものがあります。ここでは、液状タイプの手芸用接着剤を使った貼り付け方のポイントを紹介します。

1 手芸用接着剤は不要なペットボトルのキャップなどの上に出しておくと、その都度取りやすく便利。ただし、乾きやすいので出しすぎには注意する。

2 綿棒に接着剤を取り、縫い代部分に塗る。できるだけ均等に伸ばすこと。塗りすぎると貼り付けたときに余分な接着剤が縫い代からはみ出してしまい仕上がりが汚くなるので気をつけて。

手芸用接着剤を使うときの注意	● 綿ローンやガーゼのように薄手の布や色の薄い布は、接着剤が表に染み出し、仕上がりの見た目が美しくなくなるおそれがあるため、余り布などを使って試し塗りをすること。 ● 接着剤で貼り付けた部分はしっかり乾くまで触らないようにすること。 ● 接着剤を使った部分は固くなり、縫いにくくなるので注意。

手縫いのきほん

この本では初心者さんにもチャレンジできるよう、簡単な2種類の縫い方に
しぼりました。手縫いのきほんをマスターして、たくさんのぬい服を作ってみましょう。

1 糸の長さは40〜50cm

糸は短いと縫いにくく、長
いと絡まりやすいため、40
〜50cmの長さを目安に
するとよい。ひじを曲げ、
そこから15cmくらいの
長さがおすすめ。

15cm

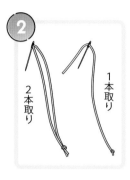

2 糸のきほんは1本取り

1本の糸で縫うことを
「1本取り」2本の糸
で縫うことを「2本取
り」という。1本よりも
2本の方が強度も増す
ため、フェルトなどの
厚地は2本取りで。

2本取り　1本取り

玉結び

縫い始めの糸が布から抜けてしまわないように
糸の端を結んで玉を作る。

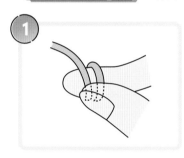

1 糸の端を右手人さし指に数回
巻きつける。

2 親指で糸を押さえ、人さし指
を下に抜くようにずらしなが
ら糸をより合わせる。

2〜3mm

3 よれた部分を輪の中へ入れて、
中指で糸端を押さえ、キュッ
と糸を強く引く。

玉留め

縫い終わりの糸がほどけないように玉留めで仕上げる。

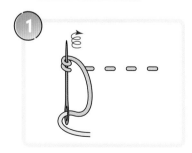

1 縫い終わりに針を置いて、針
先に糸を2〜3回巻き付ける。

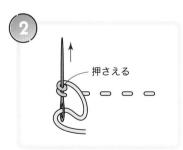

押さえる

2 糸が巻きついたところを針ご
と親指で押さえ、矢印の方向
に針を引き抜く。

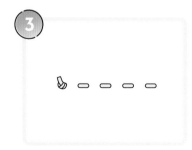

3 針を引き抜いて糸を切る。

本返し縫い

ひと針ずつ後ろに戻りながら縫い進める縫い方。
ミシンの縫い目のような仕上がりになる。

（表）

3出　1出　2入

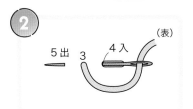

（表）

5出　3　4入

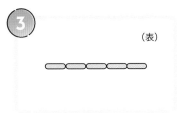

（表）

3mm程度を目安にひと針縫い、始めに針を入れた場所の3mm先から、針を出す。

❶で針を出したところから、ひと針分戻ったところに針を刺し、ふた針分先に針を出す。

❶〜❷をくり返す。

コの字とじ

縫い目が表に見えないように縫い合わせる方法。

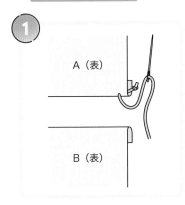

A（表）

B（表）

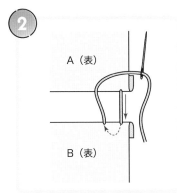

A（表）

B（表）

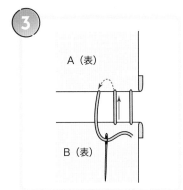

A（表）

B（表）

Aの布の裏に針を刺し、表に出す。

縫い合わせたい布の表に、針をまっすぐ刺し、2mmほど横から針を表に出す。

❷で針を出した位置の向かい側のAの布に表から針を刺す。これをくり返す。

縫い代の処理

この本での縫い代の処理は、簡単な「貼り付ける」方法で行います。

型紙（アイロン定規）を使って仕上がり線に沿って縫い代を折り、アイロンでしっかり押さえる。

折った縫い代の内側に手芸用接着剤を塗って貼り付ける（P19）。

教えて！ ぬい服のきほん Q&A

Q 布目線は絶対に厳守？　縦のものを横向きに切ってはダメ？

A 「布目線」は生地が一番伸びにくい方向を示しています。布目線とは別の向きで生地を切ってしまうと、制作中に生地が伸びてしまい、印やパーツ同士の長さが合わなくなるおそれがあるため、できるだけ布目線に合わせて型紙を置くようにしましょう。

Q 面ファスナーは、貼るタイプがいい？　縫うほうがいい？

A どちらでも OK ですが、切って貼るだけの粘着タイプは手軽で簡単な反面、頻繁に力の加わる部分に使用すると取れやすいというデメリットがあります。着脱部分や薄手の生地に使用するなら、縫っておくのが安心です。ただし、粘着タイプの面ファスナーを縫うのはおすすめできません。接着剤が付いた部分は針が通りにくく、余分な力が加わって生地が伸びてしまったり、針に接着剤が付いてしまうおそれがあります。

Q 手芸用接着剤はどれを選べばいいの？

A 手芸店に行くとたくさんの種類が並んでいますが、生地や用途によって上手に使い分けましょう。初心者にも扱いやすくおすすめなのはスティックタイプの接着剤ですが、接着剤を塗った面と面がくっつくため、片面にしか塗れない場合は使用できません。また、フェルトはスティックタイプでは付きにくいのでアイロン接着タイプがよいでしょう。

Q 手縫いにミシン糸を使ってはダメ？

A 一般的に手縫い糸とミシン糸は、それぞれの糸のつくり（撚り＝糸のねじり合わせ方）が違います。手縫いにミシン糸を使うと、布との摩擦や力のかかり方がミシンと全く異なるため、もつれや切れの原因となり、必要以上に手間がかかる場合も。ぬい服をきれいに仕上げるなら、使用用途に合った道具や材料で作りましょう。

Q 「水通し」って何？

A 「水通し」とは、裁断前の生地を水に浸けて洗いをかけること。綿や麻などは、一度水を含むと縮む性質があるため、先に水通しをすることでぬい服を洗ったときの縮みや型くずれを防止することができます。水で落ちるチャコペンを使うなどで、完成した後にぬい服を水につける予定がある場合や、買った布の色落ちが心配な場合は、水通しをしておいたほうが安心です。

\ 面倒だけどマスターしたい！ /
仕上がりに差がつくテクニック

＞ こまめなアイロンがけ ＜

型紙を布に写す前にスチームアイロンをかけると布目を整えることができます。ぬい服制作中も、こまめなアイロンがけが仕上がりを左右します。縫い代をアイロンで押さえたり、生地のよれやシワ取りをするだけで、ぬい服がパリッと素敵な仕上がりに。

＞ 仮止めをする ＜

パーツとパーツの生地を縫い合わせるときは、まち針止めかしつけをかけて生地がずれないようにするといいでしょう。薄手の生地や滑りやすいツヤのある生地は特にずれやすいため、必須のひと手間です。

＞ 切り込みを入れる ＜

シャツの脇やパンツの股下などのカーブ部分を縫ったあと、縫い代部分に細かい切り込みを入れてあげましょう。そうすることで表に返した際のつっぱりやシワが解消されます。カーブのきつい部分には細かく切り込みを入れるのがポイント。

＞ 合印を合わせる ＜

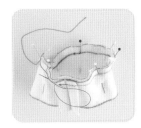

それぞれのパーツに付いている合印を必ず合わせて縫い合わせることで、正確で美しい仕上がりになります。この合印が合っていないと、パーツ同士にズレが生じてチグハグなぬい服ができてしまいます。

＞ 厚みがある部分を縫うとき ＜

何重にも布が重なった部分を縫うときは、布の厚みで針が曲がる可能性があるため、厚地用の太い手縫い針を使用します。重ねた布がずれないようしっかりと手で布を固定し、針を直角に刺すように心がけながら、ひと針ひと針丁寧に縫い進めましょう。

アウトラインステッチ

線やカーブを描くときに用いる刺繍の基本のステッチ方法。ぬい本体の顔の表情などを作るときに使用するほか、この本では服のあしらいに使用する。

アキ

2枚の布を縫い合わせるときに、縫わずに残しておく部分のこと。ぬい服の着脱する部分や、ぬいの体を動かしやすくするために入れる。着脱部分のアキには面ファスナーを貼る。

アキ止まり

アキとして縫わない部分の終わりの位置を指す。アキと縫い合わせる部分の境目。縫い止まりと同じ位置を表す。

ギャザー

縫い糸を引き寄せ布を縮めながらシワやヒダを作る手法。スカートのウエスト部分やブラウスの袖部分に使用することが多い。

切り込み

布を縫い合わせたあと、はさみで布の端から縫い目の1mm手前まで切り込みを入れること。袖ぐりなどのカーブ部分やフレアスカートの裾などに用いる。切り込みを入れることで布のつっぱりがなくなる。

コの字とじ

縫い合わせ方法のひとつ。表に縫い目が出ないのが特徴でコの字を描くように2枚の布を縫い合わせる。くわしくはP21参照。

しつけ

本縫いの前にしつけ糸を使い粗いなみ縫いで仮止め(仮縫い)しておくこと。仕上がり線のきわを仮止めしておくことで、縫い合わせの際に作業がスムーズになる。

しつけ糸

しつけ専用の糸。本縫いの後に全て取り外すため糸としての強度は低く、本縫い用には向かない。

ステッチ

刺繍やミシン縫いなどの表面に見える「針目」のこと。この本ではぬい服のあしらいとしてアウトラインステッチを使用するが、ほかにもサテンステッチやクロスステッチなどさまざまな種類がある。

外表

2枚の布の表面が外側同士になるように折りたたんだり重ね合わせること。外表の逆は中表となる。

ダーツ

ぬい服を立体的な形に仕上げるために布をつまむこと。型紙に記されたダーツ線を縫い合わせることでぬい本体にフィットした服を作ることができる。

チェーンステッチ

鎖(チェーン)が繋がったような形の刺繍ステッチ。一本の線として刺繍するだけでなく、面を埋めるように刺繍することもできる。

中心線

型紙のパーツの中心を表す線。前中心、後ろ中心などがある。

中表

2枚の布の表面同士が内側になるように折りたたんだり重ね合わせること。ぬい服で布同士を縫い合わせたりする際は、中表が基本となる。中表の逆は外表となる。

縫い代

布を縫う際に必要な布幅(布端から仕上がり線までの幅)のこと。

縫い代を割る

縫い合わせてできた縫い代部分にアイロンを使って縫い代部分を開きながら割っていく作業のこと。縫い代を割ることで、縫い合わせた部分の布のごわつきが解消される。

縫い止まり

縫い終わりの位置。アキ止まりと同じ位置を表す。

フレンチノットステッチ

針に刺繍糸を巻き付けて結び目を作るステッチ。立体的な丸い玉の形が特徴で、使用する刺繍糸の本数で玉の大きさを調節することができる。

(生地の)耳

生地の端の部分でポツポツと規則正しく穴が開いており、端がフリンジ状になっているものもある。布目の縦の方向は耳と平行。

持ち出し

アキ部分に付ける重ね部分のこと。ぬい服ではシャツ、スカート、ズボンなどの後ろ中心部分に付けている。

服のパーツの名称

襟
服の襟ぐりにつけるパーツ。

襟ぐり
襟まわりの線。ネックライン。

身頃
胴体部分。前身頃と後ろ身頃がある。

袖
腕を包む服の部位。

袖口
袖先の手が出る部分。

脇
脇の付け根から胴の部分。

前アキ
前身頃の開いている(アキ)部分。

ウエスト
腰まわりの部分。

股上
内股の縫い合わせ部分からパンツ上部までの部分。

裾
服の下のふちの部分。

股下
股上の縫い合わせ部分から裾までの部分。

股
足の付け根部分。

きほんのぬい服 9パターン

やさしくつくりやすい、
きほんの型紙を9つ紹介します。
きほんの型紙だけでも、
アレンジ次第で自由自在に作れます。

※一部ミシンを使用して制作した服もありますが、
すべてミシンがなくても作れます。

作りやすくてアレンジ自在！

きほんの
トップス

Tシャツ

いちばんシンプルなトップスですが、色や柄を変えたり、飾りを付けるだけで
いろいろなバリエーションができます。まずマスターしたいぬい服です。

ポケットを
付けたり

ボタンや布で
飾ったり

ぬい

USAGI

Tシャツ型紙（15cm）

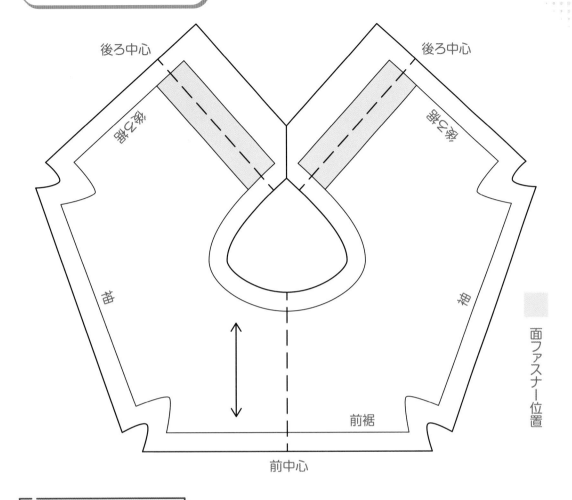

後ろ中心

後ろ中心

袖ぐり

袖ぐり

袖

袖

面ファスナー位置

前裾

前中心

服のサイズの変え方

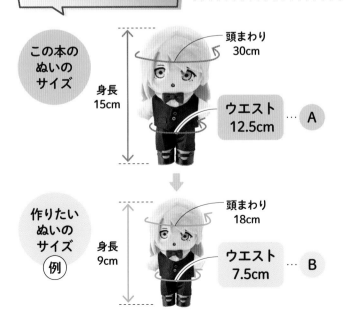

この本の
ぬいの
サイズ

頭まわり
30cm

身長
15cm

ウエスト
12.5cm … A

作りたい
ぬいの
サイズ
例

頭まわり
18cm

身長
9cm

ウエスト
7.5cm … B

$$B \div A = 0.6$$

この本の型紙を
60%で縮小コピーする。

注意！

お手元のぬいによって手や足の長さ
が違うので、コピーした型紙を合わ
せて確認してから布を切ってくださ
い。型紙を拡大・縮小すると縫い代
も変わります。仕上がり線から5mm
のところに断ち切り線を引き直すと
よいでしょう。

※フード付きの服を作るとき、頭まわりのサイズの比率がウエストの比率と
大きく違うときは、それぞれの比率で型紙をコピーしてください。

Ｔシャツの作り方

材料

- ◆ お好みの布
- ◆ 薄型面ファスナー（1cm 幅のもの）
  …… 3.7cm×2本
- ◆ 手縫い糸、手芸用接着剤

1

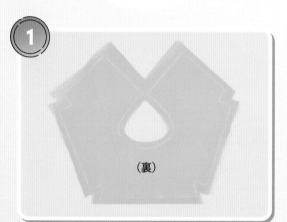

（裏）

Ｔシャツの型紙を使って布を切る。

2

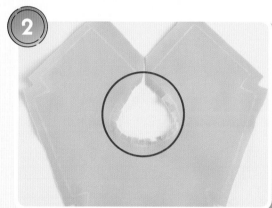

襟ぐりの縫い代に切り込みを入れる。

Point!

カーブに合わせてヨレないように適宜切り込みを増やすとよい。

3

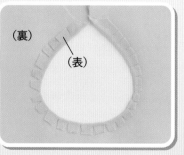

（裏）

（裏）

（表）

型紙をアイロン定規にして襟ぐりと袖口の縫い代を仕上がり線で裏側に折り、アイロンをかける。縫い代を貼って処理する（P21参照）。

4

肩のラインで中表に半分に折り、左右の袖下と脇を合わせて本返し縫いで縫い、腕が通るようにする。

5

脇の下に斜めに切り込みを入れ、アイロンで縫い代を割る。

Point!
アイロンで縫い代を開くようにすると、きれいに仕上がる。

6

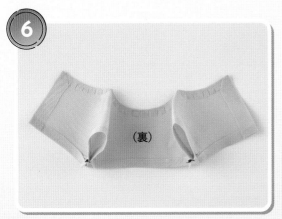

裾と、後ろアキの順に、縫い代を❸と同様にして処理する。

Q&A

Q 面ファスナーはどっちを上にしてもいい？

A 面ファスナーは、やわらかい面（メス）とギザギザ面（オス）で1組になっています。メスには細くやわらかい突起がループ上に付いていて、オスの硬いフック状突起で引っかけて止めるしくみです。オスの面はほかの生地を絡みつけるおそれがあります。
　薄型面ファスナーは両面やわらかく、オスも触っても痛くないのでどちらを上に付けても問題ないですが、ぬい服は着せ替えさせるときに上面を触ることが多いので、上にメス、下にオスを付けることをおすすめします。

7

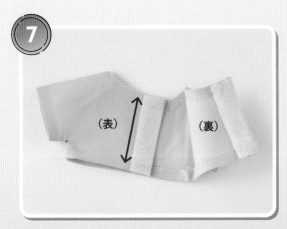

表に返し、面ファスナーをシャツの後ろアキに付ける。

シンプルなのにキュート

スカート＆ワンピース

きほんの
ボトム＆
オールインワン

切って貼るだけの簡単スカート。きほんのTシャツと
縫い合わせれば、ワンピースも作れます。

フリルやレースで
かわいく☆

スカート型紙（15cm）

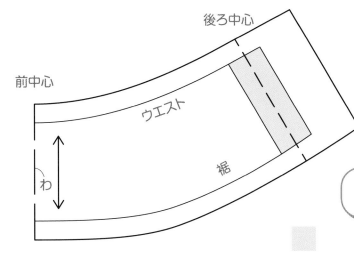

後ろ中心

前中心

ウエスト

裾

わ

面ファスナー位置

ワンピースのギャザースカート型紙（15cm）

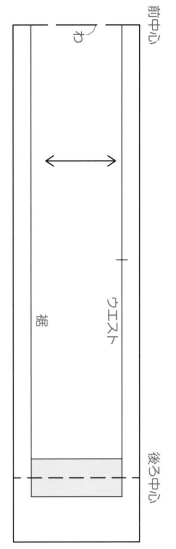

前中心

わ

裾

ウエスト

後ろ中心

ワンピースのスカート型紙（15cm）

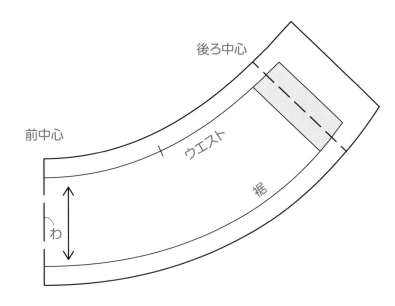

後ろ中心

前中心

ウエスト

裾

わ

☆ サイズの変え方は27ページを参考にしてください。

スカート&ワンピース の作り方

1 スカートの作り方

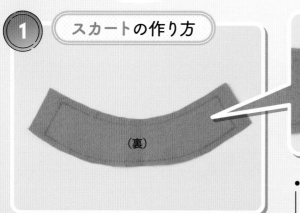

（裏）

スカートの型紙を使って布を切る。裾とウエストはカーブに合わせて縫い代に切り込みを入れる。

Point!
カーブがきついところは細かく切り込みを入れるとよい。

2

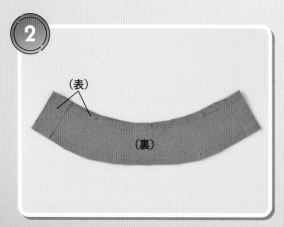

（表）
（裏）

裾、ウエスト、後ろアキの順に縫い代を処理する（P21参照）。

3

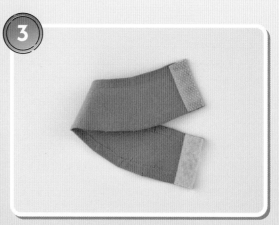

後ろアキに面ファスナーを付ける。

① ワンピースの作り方

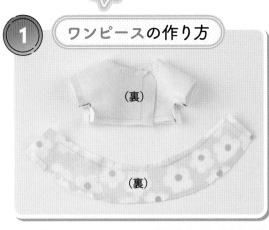

ワンピースのスカートの型紙を使って切り、裾の縫い代を処理する（P21参照）。上は、P29の❺まで終わったTシャツを用意する。

②

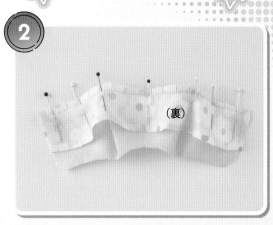

Tシャツの裾とスカートのウエストを中表に合わせ、まち針で止める。ギャザースカートの型紙を使う場合は、ギャザーを寄せながら止める。

③

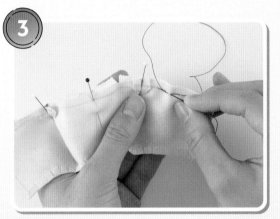

本返し縫いで縫い合わせる。

④

縫い代をTシャツ側に倒しアイロンをかける。

⑤

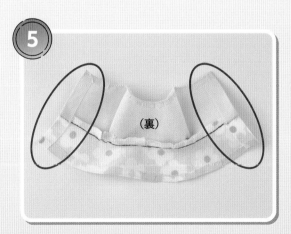

後ろアキの縫い代を処理する。

⑥

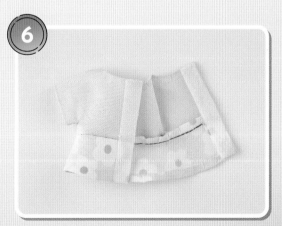

後ろアキに面ファスナーを付ける。

アレンジ次第で大変身！

きほんの
ボトムス

ズボン
（立ち、座り）

ズボンは必須のアイテム。お座りタイプのぬいに着せられる
型紙もあるので、どんなぬいにも合わせられます。

穴を開けて
ダメージ加工に★

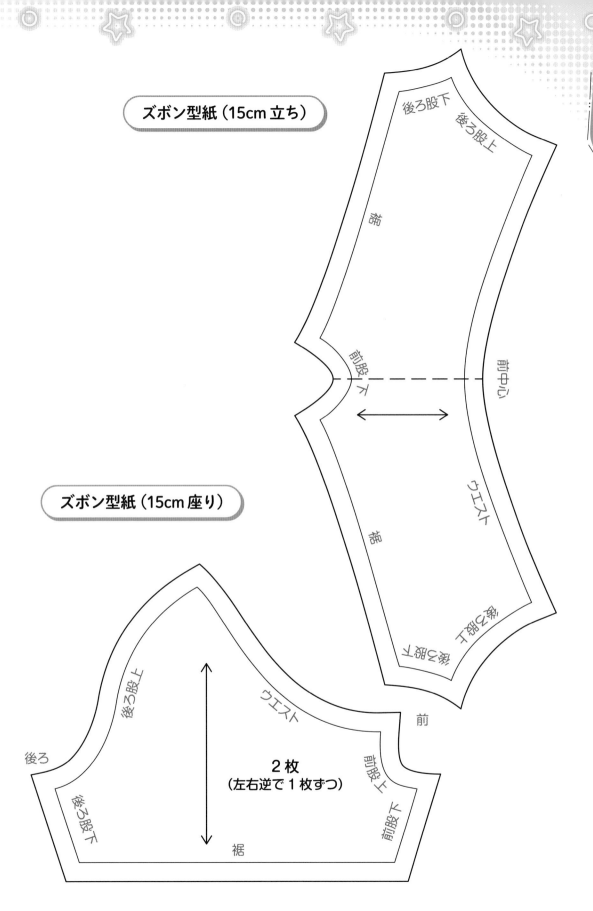

ズボン型紙（15cm 立ち）

ズボン型紙（15cm 座り）

2枚
（左右逆で 1 枚ずつ）

後ろ股下

後ろ股上

裾

前股下

前中心

ウエスト

後ろ股上

後ろ股下

前

後ろ股上

ウエスト

後ろ

後ろ股下

前股上

前股下

裾

☆ サイズの変え方は 27 ページを参考にしてください。

ズボン（立ち、座り）の作り方

材料

◆ お好みの布
◆ 手縫い糸、手芸用接着剤

1

ズボン
立ち

ズボン
座り

ズボンの型紙を使って布を切る。（立ちは
P36 **2**、座りは P37 **2** に続く）

2 ズボン（立ち）の作り方

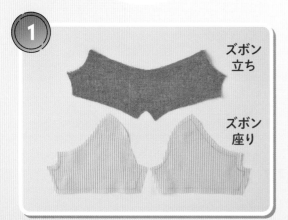

（裏）

ウエストと左右の裾の縫い代に切り込みを
入れ、処理する（P21参照）。

3

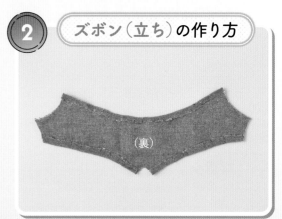

（裏）　— わ

中表に半分に折って、後ろ股上を合わせ、本
返し縫いで縫い、筒状にする。縫い代に切り
込みを入れ、アイロンで縫い代を割るときれ
いに仕上がる。

4

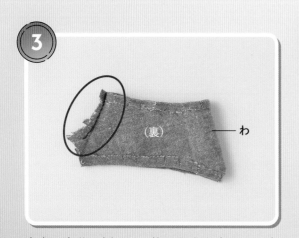

（裏）

前股下と後ろ股下を合わせ、本返し縫いで
縫い合わせて足が出る部分を作る。縫い終
わったら縫い代をアイロンで割る。割った
縫い代は接着剤で貼るときれいに仕上がる。

② ズボン（座り）の作り方

（裏）

左右の裾の縫い代を処理し（P21参照）、中
表に合わせ、前股上を本返し縫いで縫い合
わせる。

③

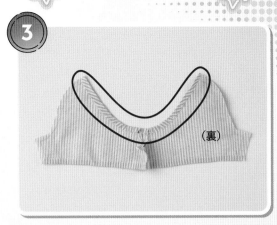

（裏）

開いて縫い代を割り、ウエストの縫い代に
切り込みを入れ、処理する。

④

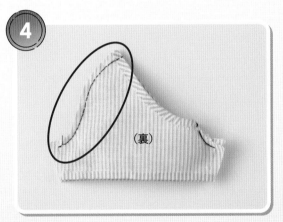

（裏）

中表に半分に折って、後ろ股上（おしりのと
ころ）を合わせ本返し縫いで縫い、筒状にす
る。

⑤

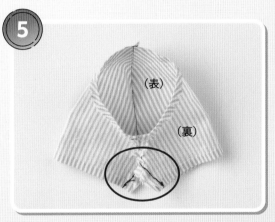

（表）

（裏）

前股下と後ろ股下を合わせて本返し縫いで
V字に縫い合わせ、足が出る部分を作る。

⑥

ココにも切り込み

縫い終わったら股上、股下の縫い代に切り
込みを入れ、アイロンで割って表に返す。

Point!
開いた縫い代は、接着
剤で貼り固めるときれ
いに仕上がる。

カジュアルで万能な優秀アイテム

きほんの
オールインワン **サロペット**

凝って見えるけれど、ズボンとほぼ同じで意外に簡単に作れます。
中に着せるもので雰囲気も変わります。

肩ひもを斜めに
クロスしたり

ポケットを付けたり
ワッペンを貼ったり

サロペット型紙（15cm）

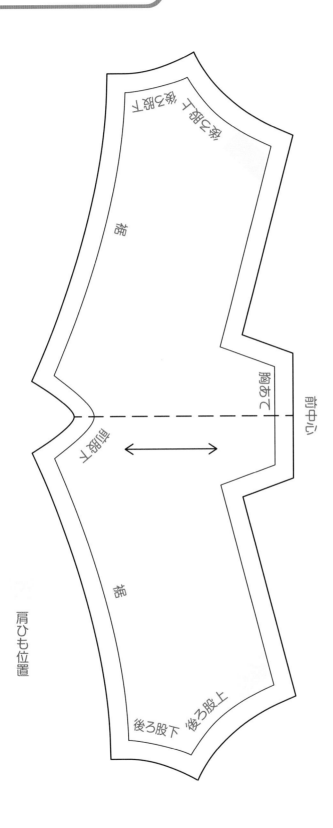

裾

後ろ股上・後ろ股下

胸あき2

前中心

前股上・前股下

裾

後ろ股下・後ろ股上

肩ひも位置

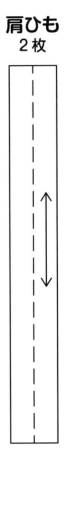

肩ひも
2枚

☆ サイズの変え方は27ページを参考にしてください。

サロペットの作り方

材料

◆ お好みの布
◆ 手縫い糸、手芸用接着剤
◆ お好みのボタン（直径5mmがおすすめ）

①

肩ひも

ズボン

サロペットの型紙を使って布を切る。写真の赤丸の部分はカーブに合わせて縫い代に切り込みを入れてアイロンをかける。

②

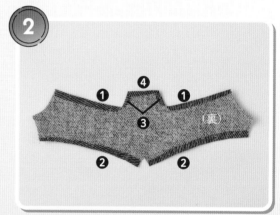

❶〜❹の順で縫い代を処理する（P21参照）。

③

後ろ股上を中表に合わせ、本返し縫いで縫う。アイロンをかけて縫い代を割る。

④

前股下と後ろ股下を本返し縫いでU字に縫い合わせる。

5

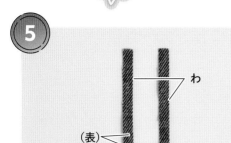

わ

（表）

肩ひもを外表に半分に折ってアイロンをか
け、接着剤で貼る。同じような幅のリボン
やひもなどで代用も可能。

6

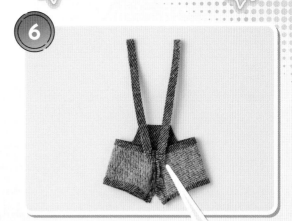

❸で開いた縫い代の下
に肩ひもを挟み、縫い代
に肩ひもを縫い付ける。

Point!

縫ったあと、接着剤で貼
り固めるとより丈夫になる。

7

表に返してぬいに着せ、胸当てに肩ひもを
止める位置を決めて縫い付ける。

Point!

背中で肩ひもをクロス
したい場合は、❻で縫
い付けるときにひもの
向きを逆にする。

8

お好みで表にボタンを付ける。

きほん
パターン
5

かっこいい雰囲気には欠かせない

シャツ＆ジャケット

きほんの
トップス

Tシャツの作り方と似たシンプルなアイテム。襟と、前アキの形を変えれば、
同じ作り方でシャツもジャケットも作れます。

お仕事服も学園服も
なんでも作れそう

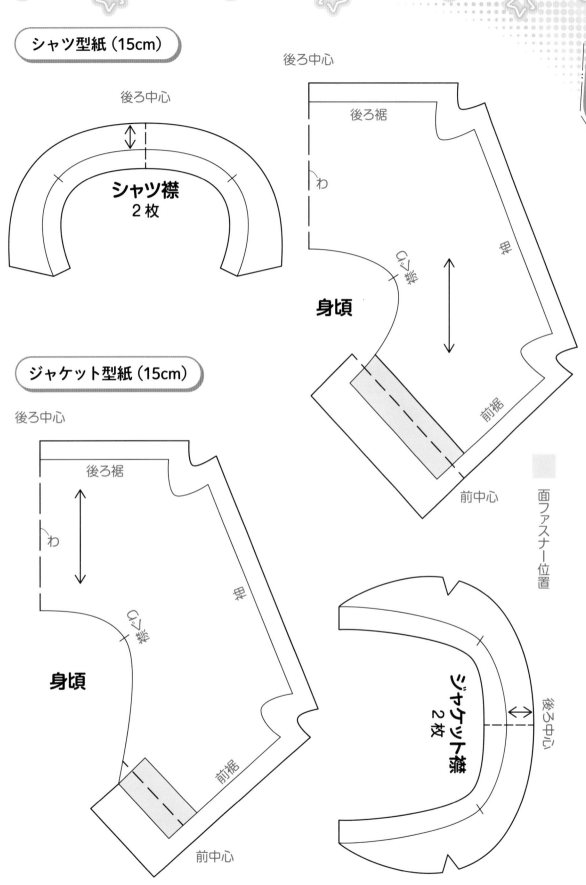

シャツ型紙（15cm）

後ろ中心

シャツ襟
2枚

ジャケット型紙（15cm）

後ろ中心

後ろ中心

後ろ裾

わ

ジャケット襟
2枚

後ろ中心

面ファスナー位置

身頃

後ろ裾

わ

身頃

前裾

前中心

前裾

前中心

☆ サイズの変え方は27ページを参考にしてください。

PART2

5 シャツ&ジャケット

シャツ&ジャケットの作り方

材料

- ◆ お好みの布
- ◆ お好みのボタン（直径5mm がおすすめ）や装飾品
- ◆ 薄型面ファスナー（1cm 幅のもの）
  … 3.5cm ×1本（シャツ）
  　 2cm ×1本（ジャケット）
- ◆ 手縫い糸、手芸用接着剤

①

シャツ　　　　ジャケット

シャツまたはジャケットの型紙を使って布を切る。襟は先に2枚の布を外表で接着し、乾いたあとに型紙を使って切る。

②

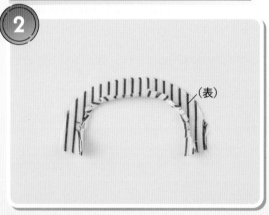

（表）

襟の縫い代のカーブに切り込みを入れ、型紙をアイロン定規にしながらアイロンをかける。

③

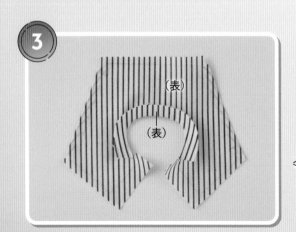

（表）

（表）

身頃は袖口の縫い代を処理し（P21参照）、合印に合わせて襟の縫い代を身頃の襟ぐりの裏に貼り付ける。

Point!

襟の両端が身頃の前中心にくるように付けるときれい。

4

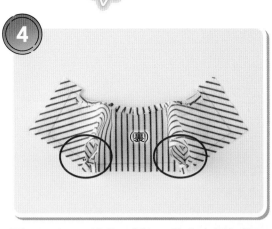

肩のラインで半分に折り、脇を本返し縫い
で縫う。脇の下に斜めに切り込みを入れ、
アイロンで縫い代を割る。

5

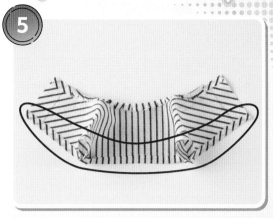

裾の縫い代を処理する。

6

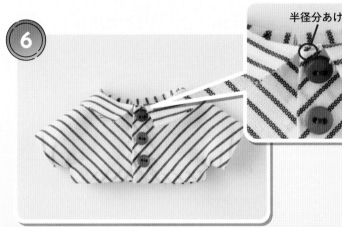

半径分あける

前アキの縫い代も処理してから表に返し、
前中心部分にボタンを縫い付ける。

Point!

付けたいボタンの大き
さの半径分あけたとこ
ろに一番上のボタンを
付けると見栄えがよい。

7

前アキに面ファスナーを付ける。

簡単なのに見栄え◎

きほんの
トップス

ケープ

丈の長さが違う3種の型紙を用意しました。
2枚仕立てで作ってもかわいいです。

もこもこの布を
使ったり

季節ごとに
作りたい☆

ふわふわな毛糸を
ふちに貼ったり

ポンポンを
付けたり

ケープ型紙（15cm）

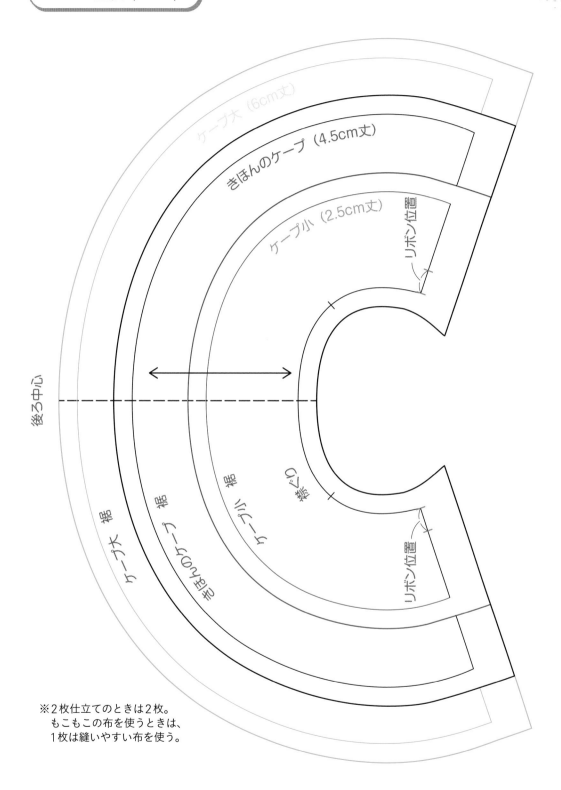

ケープ大（6cm丈）

きほんのケープ（4.5cm丈）

ケープ小（2.5cm丈）

リボン位置

後ろ中心

ケープ大 裾

きほんのケープ 裾

リボン 裾

リボン

前 中心

リボン位置

※2枚仕立てのときは2枚。
　もこもこの布を使うときは、
　1枚は縫いやすい布を使う。

☆ サイズの変え方は27ページを参考にしてください。

ケープ の作り方

材料

◆ お好みの布
◆ お好みのリボン
　… 2本（長さの目安は 15cm）
◆ 手縫い糸、手芸用接着剤
◆ ほつれ止め液

1

（裏）

ケープの型紙を使って布を切り、襟と裾の縫い代を処理する（P21 参照）。

2

（裏）

前端の縫い代にリボン1本を挟んで折り、縫い代を接着剤で貼る。

3

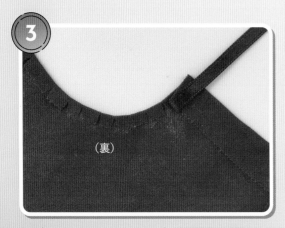
（裏）

リボンを外側に折り曲げ、接着剤で貼って補強する。もう片方も同様にリボンを付ける。

4

ぬいに着せて、リボンをお好みの長さに調節する。

⑤

リボンの端は、ほつれ止め液で処理する。

① 2枚仕立ての場合

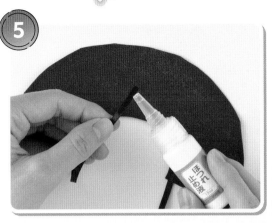

ケープの型紙を使って、布を2枚切る。

②

まち針で
止める

縫わない

Point!
縫う前に、リボンの端をまち針で表の布に止めておくと縫い込む事故が防げる。

表になる布の前アキの左右の縫い代にリボンを接着剤で貼り、中表にして2枚の布を合わせ、襟の部分を3〜4cm残してぐるっと本返し縫いで縫う。

③

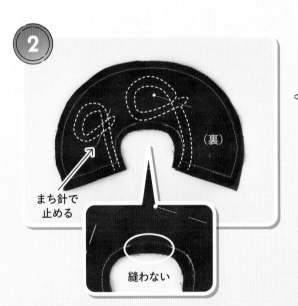

（表）

縫い残した返し口から目打ちを使って表に返す。縫い代の角を切り、カーブに細かく切り込みを入れると返しやすい（P18参照）。

④

返し口を、目立たないようにコの字とじで縫う。リボンの長さを調節し、端をほつれ止め液で処理する。

カジュアルでゆるカワ

きほんの
トップス

パーカー

おでかけにぴったりなパーカー。着ぐるみのフードの型紙を使うと、
フードがかぶれるパーカーに大変身！

太めの
ひもにしたり

ひもなしでも
かわいい

パーカー型紙（15cm）

ポケット

フード

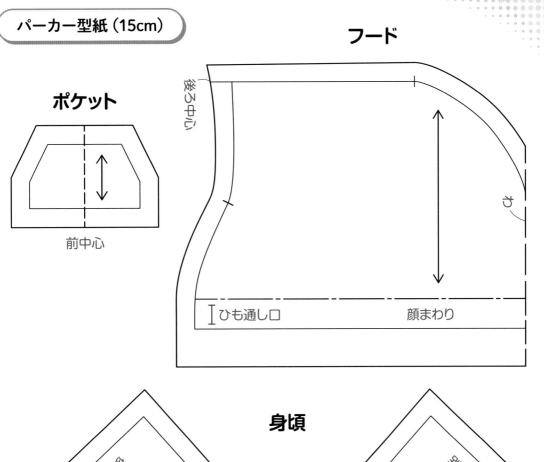

後ろ中心

ひも通し口　　　　　顔まわり

わ

前中心

身頃

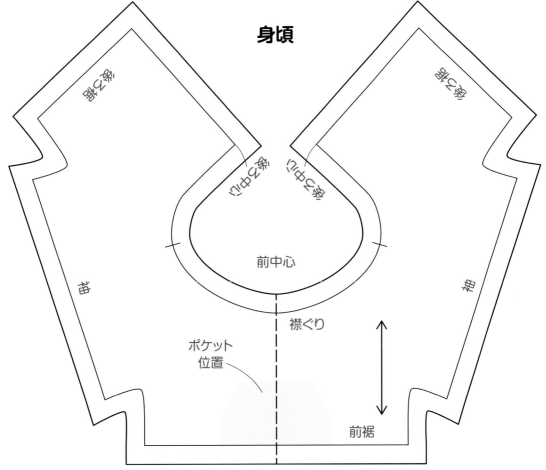

後ろ裾

後ろ裾

後ろ中心

後ろ中心

袖

袖

前中心

襟ぐり

ポケット
位置

前裾

☆ サイズの変え方は27ページを参考にしてください。

パーカーの作り方

材料

◆ お好みの布
◆ お好みの刺繍糸…… 6本取り×1本
◆ 手縫い糸、手芸用接着剤
◆ ほつれ止め液

1

フード

身頃

ポケット

パーカーの型紙を使って布を切る。かぶれるフードを付けたい場合は、P61・P62の着ぐるみのフードの型紙を使う。

2

フードの顔まわり部分の縫い代に、ほつれ止め液を塗る。

3

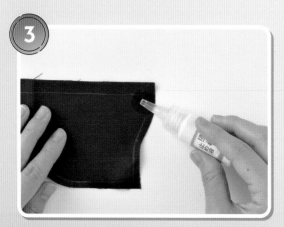

ひも通し口の裏側に、直径5mm 程度の丸状にほつれ止め液を塗る。

4

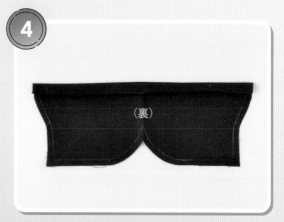

（裏）

ほつれ止め液が乾いたら、型紙をアイロン定規にして、フードの顔まわり部分の縫い代を仕上がり線で折りながらアイロンをかける。

5

ひもを通す
ところになる

顔まわりの縫い代を本返し縫いで縫う。

6

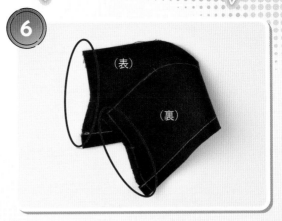

（表）

（裏）

フードの首まわりに切り込みを入れる。

7

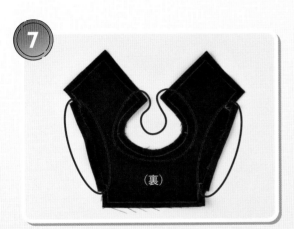

（裏）

身頃の襟ぐりに切り込みを入れる。袖の縫い代を処理する（P21参照）。

8

（裏）

左右の袖下と脇を中表に合わせ、本返し縫いで縫う。アイロンで縫い代を割る。

9

裾の縫い代を処理する。

Point!

カーブの縫い代に切り込みを入れておく。表に返すとき、きれいに仕上がる。

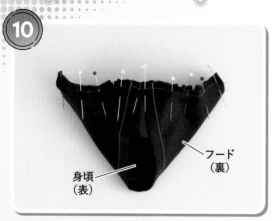

身頃
（表）

フード
（裏）

フードと身頃の襟ぐりを中表にしてフード
の両端を身頃の前中心に合わせ、まち針で
止める。

Point!

着ぐるみ用のフードを
付けたいときもサイズ
は同じなので、同じ作
り方で付けられる。

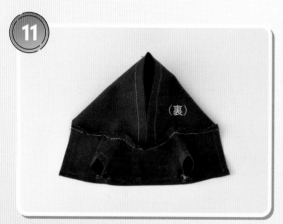

（裏）

⑩を本返し縫いで縫う。

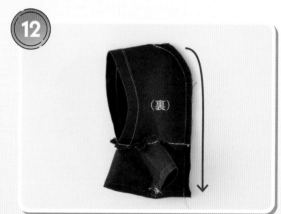

（裏）

フードと身頃の後ろ中心を中表に合わせ、
本返し縫いで縫う。縫い代を割る。

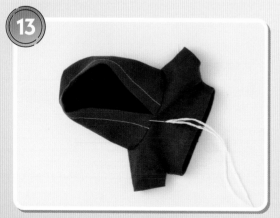

表に返し、刺繍糸を6本取りにして縫い針
に通し、❸の位置に刺す。そのままぐるっ
と顔まわりに糸を通す。

Point!

好みのひもを通したいときは、
❸の位置にはさみで4mm 程
度の穴を開け、ゴム通しで
ひもを通す。

14

糸の長さを決めてカットし、両端を1回結ぶ。

15

ポケットの縫い代を処理し、形を整える。

16

身頃の指定の位置に⓯を接着剤で貼る。

Q&A

Q まち針の正しい止め方ってあるの?

A 縫い合わせる布がずれないようにまち針を使いますが、止め方にもポイントがあります。

①縫う線に対して直角に止める

縫う線に対して斜めや並行に打つと、縫うときに手に刺さりやすくなってしまいます。まち針はまず縫い線上に刺し、線に対して直角の場所に3〜4mm布をすくって出しましょう。心持ち、下になる布を少なめにすくうと布のズレが軽減されます。

②打つ順番は両端→中心→その間

まち針を打つ順番のきほんは、まず両端を合わせて止め、次に中心を合わせて止めてからその間(合印がある場合は合印)、次にそれぞれの間…というように止めていきます。パーカーの⑩では、「前中央」→「後ろ中央」→「横の合印」を合わせていき、その間を止めていくと、ずれずに布を合わせられます。

気分はサマーバケーション♡

きほんの
セットアップ

水着

（ハーフトップ、タンクトップ、ショーツ、海パン）

スカートの下に着せるパンツや下着としても使えます。
タンクトップや海パンはユニフォームにも。意外に万能です。

水着以外にも
アレンジして

水着（ハーフトップ、タンクトップ、ショーツ、海パン）型紙（15cm）

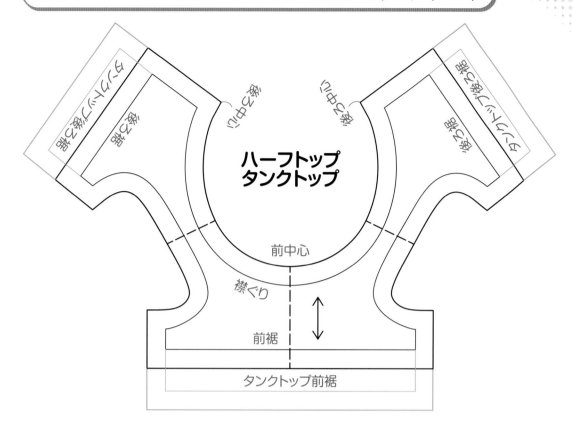

ハーフトップ
タンクトップ

前中心

襟ぐり

前裾

タンクトップ前裾

ショーツ

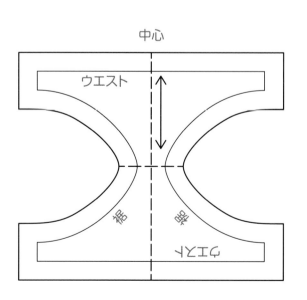

中心

ウエスト

裾

股下

ウエスト

海パン

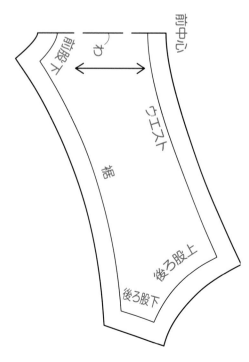

前中心

前股間上

わ

前股間下

ウエスト

裾

後ろ股上

後ろ股下

☆ サイズの変え方は27ページを参考にしてください。

 **水着**（ハーフトップ、タンクトップ、ショーツ、海パン）**の作り方**

材料
- ◆ お好みの布
- ◆ 手縫い糸、手芸用接着剤

1

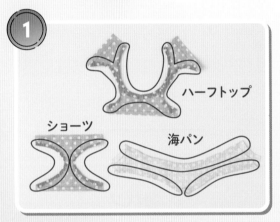

ハーフトップ
ショーツ
海パン

水着の型紙を使って、布を切る。写真の赤丸部分の縫い代を処理する（P21参照）。

2 ハーフトップ・タンクトップ **の作り方**

（裏）

左右の脇を中表に合わせて、本返し縫いで縫う。アイロンで縫い代を割る。

3

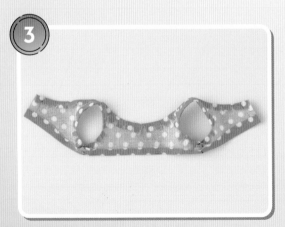

裾の縫い代を処理する。

4

（裏）

後ろ中心を中表に合わせ、本返し縫いで縫う。縫い代を割り、表に返す。

② ショーツの作り方

(裏)

わ

中表に合わせ、脇を片方だけ本返し縫いで縫って縫い代を割る。

③

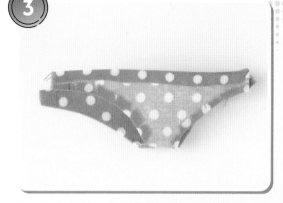

ウエストの縫い代を処理する。

④

もう片方の脇を本返し縫いで縫って縫い代を割り、表に返す。

Point!
レースや小さいリボンを付けると下着のようにもなる。

② 海パンの作り方

(裏)

後ろ股上を中表に合わせ、本返し縫いで縫う。筒状になる。

③

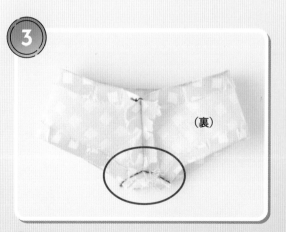

(裏)

❷で縫った部分の縫い代を割り、前股下と後ろ股下を合わせて本返し縫いで縫う。カーブがきついところに切り込みを入れて縫い代を割り、表に返す。

きほん
パターン
9

とにかくかわいすぎる

きほんの
オールインワン

着ぐるみ

耳の形を変えたり、飾りを付ければいろいろなどうぶつにできます。
P66のように持ち歩き用チェーンを付けるのもおすすめ。

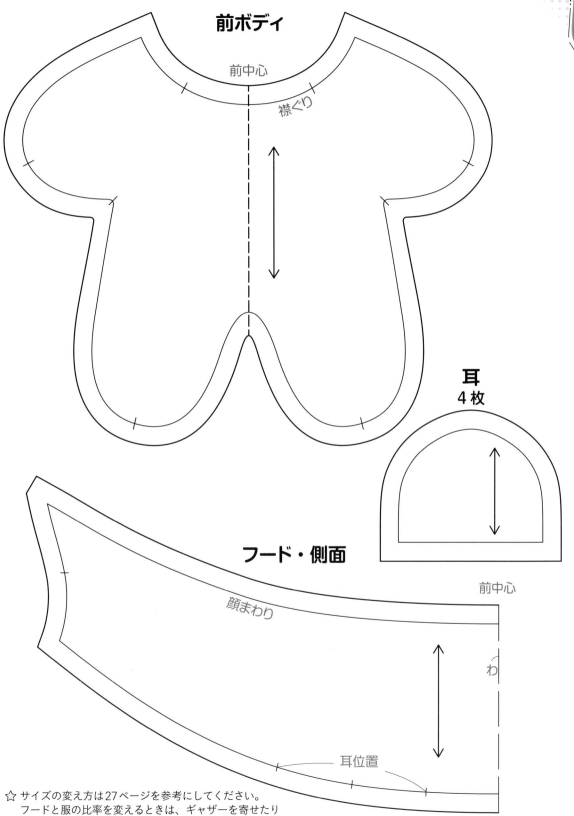

前ボディ

前中心

襟ぐり

耳
4枚

フード・側面

顔まわり

前中心

わ

耳位置

☆ サイズの変え方は27ページを参考にしてください。
　フードと服の比率を変えるときは、ギャザーを寄せたり
端をカットして合わせてください。

後ろボディ

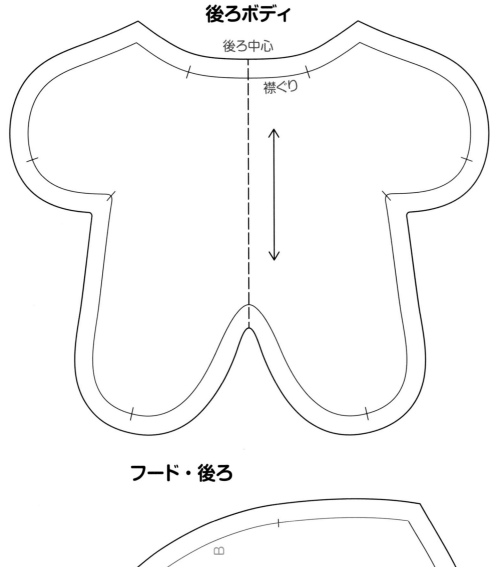

後ろ中心

襟ぐり

フード・後ろ

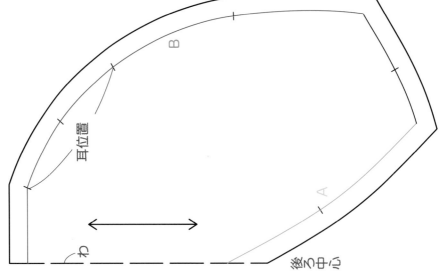

B

耳位置

A

わ

後ろ中心

☆ サイズの変え方は27ページを参考にしてください。
　フードと服の比率を変えるときは、ギャザーを寄せたり端をカットして合わせてください。

着ぐるみの作り方

1

フード（後ろ）

フード（側面）

耳

前ボディ　　後ろボディ

着ぐるみの型紙を使って布を切る。

Point!

ボアやファーを切るときは、モフモフしている面を下にし、机などの台に押し付けないで少し離して切る。毛まで切ってしまわないように、生地の土台だけをはさみの先端で少しずつ切るとよい。

2 フードの作り方

耳を中表に合わせて、下の縫い代以外をU字にぐるっと本返し縫いで縫う。もう片耳も同じように縫う。

3

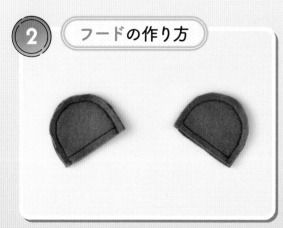

縫い代に切り込みを入れる。

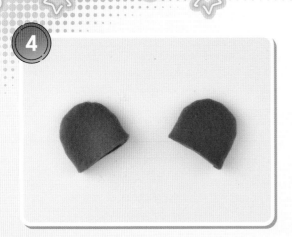

4 表に返す。毛足が長い布の場合は、目打ちを使って挟まった毛もしっかり表に出す。

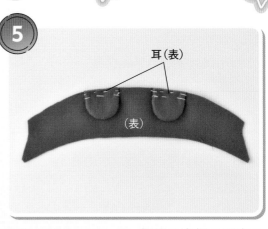

耳（表）
（表）

5 左右の耳を、フード・側面の表側の所定の位置に、しつけ糸で仮止めする。

Point!
仮止めはまち針や両面テープでもよいが、ズレると仕上がりに差が出るので縫うのがおすすめ。

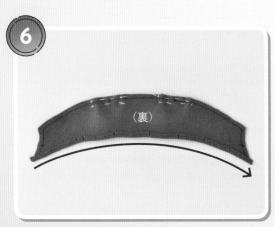

（裏）

6 ❺の顔まわりとなる下部分の縫い代を処理する（P21参照）。

Point!
接着剤が付きにくい布の場合は縫う。

7 フード・後ろを中表に縦に半分に折り、型紙のＡの部分を合わせて本返し縫いで縫って、円錐状にする。縫い代はアイロンで割る。

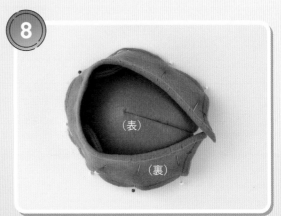

（表）
（裏）

8 ❻の耳を仮止めしている側と❼の型紙のＢの部分を中表に合わせ、まち針で止める。

9

❽を本返し縫いで縫い合わせ、表に返す。毛足が長い布の場合は、縫い代に挟まった毛を目打ちで出す。❺のしつけ糸を取る。

10 ボディの作り方

（裏）

前後のボディを中表に合わせ、まち針で止める。

11

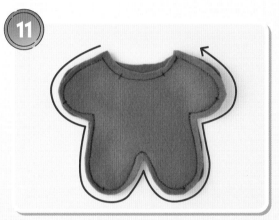

首元以外をぐるっと本返し縫いで縫い合わせ、表に返す。毛足が長い布の場合は、縫い代に挟まった毛を目打ちで出す。

Point!

カーブのきつい部分や腕の先は、縫い代に切り込みを細かく入れる。

12 フードとボディを合わせる

❾と⓫の襟ぐりで中表に合わせ、合印を合わせてまち針で止める。

13

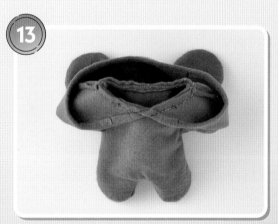

本返し縫いで縫い合わせる。毛足が長い布の場合は、縫い代に挟まった毛を目打ちで出す。

着ぐるみショルダーの作り方

着ぐるみにチェーンを付ければ、そのまま持ち歩けるショルダーにできます。

斜め掛けにして
ポーチみたいに
持ち歩こう♡

バッグチャームに
してもかわいい！

材 料

- ◆ P64の**⑤**まで作った着ぐるみ …… 1着分
- ◆ Dカン（内径2〜3cm）…… 2個
- ◆ 綾テープ（Dカンの内径に合った幅）
  …… 4cm×2本
- ◆ お好みのチェーン
  スマホ用のショルダーチェーンや、バックチャーム用のチェーンなどお好みの長さのものが使えます。

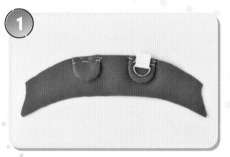

①

綾テープにDカンを通す。P64の**⑤**のしつけが終わった耳の上に、綾テープの端が5mm上に出るようにのせる。**⑧**のときに一緒にまち針で止める。

※写真のDカンは内径2cm
　綾テープは2cm幅

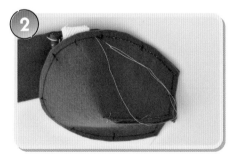

②

P65**⑨**でフードの顔まわり部分を本返し縫いで縫い合わせるときに、一緒に縫い込む。

Point!

縫い終わったあと、綾テープと縫い代を接着剤で貼ると補強できる。

PART 3

ジャンル別
ぬい服カタログ

人気の作家さんたちに、ジャンル別で
いろいろなぬい服を作っていただきました。
きほんの型紙を伸ばしたり、パーツを増やしたり、
少し変えるだけでぐっと幅が広がります。
アレンジや応用のしかたも参考になりそう。

※一部ミシンを使用して制作した服もありますが、
すべてミシンがなくても作れます。

お仕事

A ツナギ…P74
B エプロン…P74

職人さん、おまわりさん、お医者さん、
お店屋さん、サラリーマン…
いろいろな職業の服もきほんや
きほんの変形で作れます。

C 警察官風シャツ…P72

D 白衣…P72
E 聴診器…P73

F ベスト…P75
G 蝶ネクタイ…P75

H オフィススーツ…P72
I 社員証ケース…P73

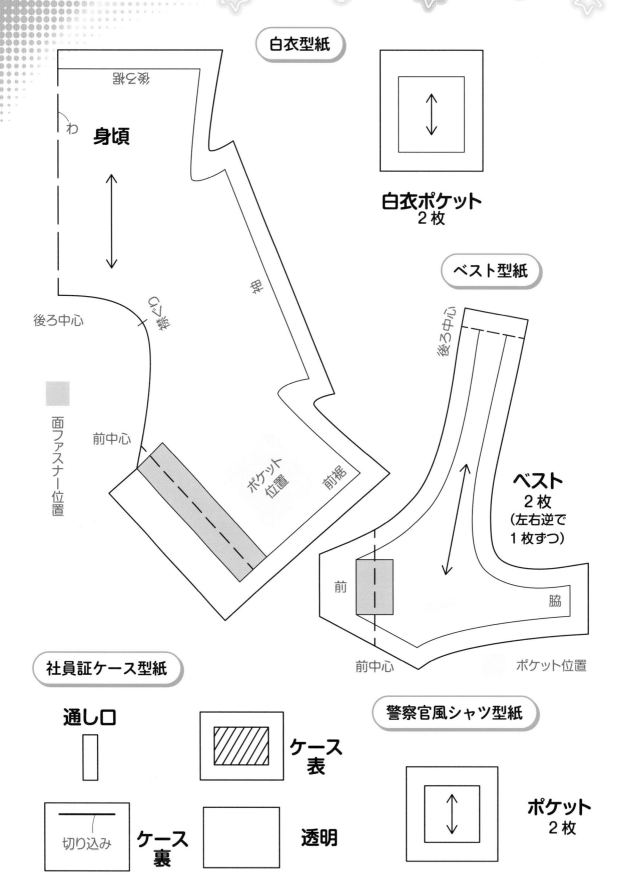

白衣型紙

身頃

後ろ幅

わ

後ろ中心

襟ぐり

前中心

面ファスナー位置

袖

ポケット位置

前裾

白衣ポケット
2枚

ベスト型紙

後ろ中心

ベスト
2枚
（左右逆で
1枚ずつ）

前

脇

前中心

ポケット位置

社員証ケース型紙

通し口

ケース
表

切り込み

ケース
裏

透明

警察官風シャツ型紙

ポケット
2枚

※すべて15cm立ちサイズ。サイズの変え方はP27。

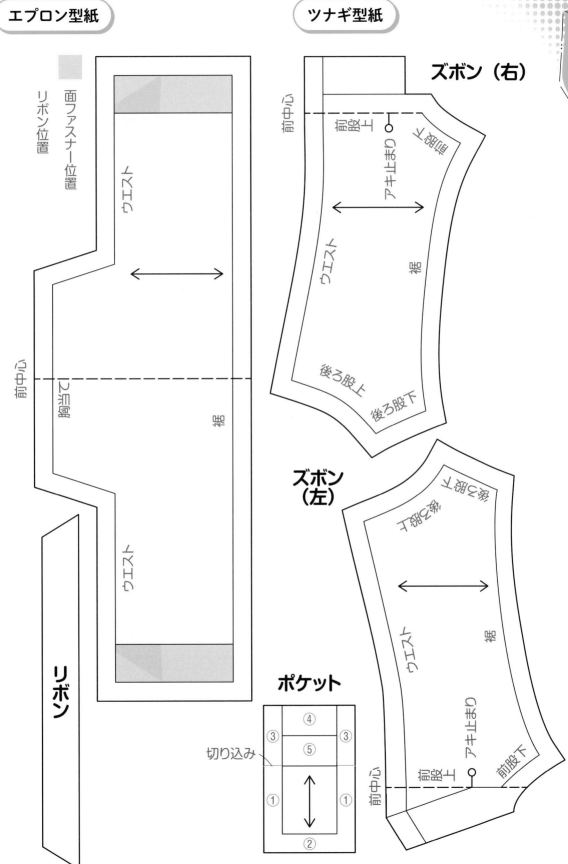

エプロン型紙

ツナギ型紙

ズボン（右）

ズボン（左）

ポケット

リボン

面ファスナー位置

リボン位置

ウエスト

前中心

胸当て

裾

ウエスト

前中心

前股上

アキ止まり

前股下

ウエスト

裾

後ろ股上

後ろ股下

前中心

前股上

アキ止まり

前股下

ウエスト

裾

後ろ股上

後ろ股下

切り込み

④

③ ③

⑤

① ①

②

 白衣 の作り方

D

〉材料〈
- ◆ お好みの布（白）
- ◆ お好みのボタン（白、直径3mm）
- ◆ 薄型面ファスナー（1cm幅）
- ◆ 手縫い糸、手芸用接着剤

〉型紙〈
P70（白衣）

① 白衣の型紙を使って、きほんのジャケット（P42）と同様に作る。

② ポケットは縫い代を処理して（P21参照）所定の位置に接着剤で貼る。

※ズボンはきほん（P34）、靴はP122。

警察官風シャツ の作り方

C

〉材料〈
- ◆ お好みの布（水色、紺）
- ◆ お好みのボタン（白、直径5mm）
- ◆ 薄型面ファスナー（1cm幅）
- ◆ 手縫い糸、手芸用接着剤

〉型紙〈
P43（シャツ）
P70（ポケット）

① きほんのシャツ（P42）と同様に作る。襟は濃い色の布を使用し、先を7mm切って前アキから少しはなす。

② ポケットは縫い代を処理して（P21参照）お好みの位置に接着剤で貼る。

※ズボンはきほん（P34）、靴はP122。

オフィススーツ の作り方

〉材料〈
- ◆ お好みの布（チェック、紺）
- ◆ お好みのボタン（白、直径3mm）
- ◆ 薄型面ファスナー（1cm幅）
- ◆ 手縫い糸、手芸用接着剤

〉型紙〈
P43（シャツ）
P35（ズボン・立ち）

H

① トップスはきほんのシャツ（P42）と同様に作る。

② ズボンはきほんのズボン（P34）と同様に作る。最後に、センタープレスを付けるようにアイロンで折り目を付ける。

※靴はP122。

聴診器 の作り方

材料

◆ ワイヤー入りラバーコード（直径3.5mm）…・13cm×1本、7cm×1本
◆ お湯で柔らかくなるプラスチックねんど（黒）または樹脂ねんど（黒）
◆ 丸シール（銀）…・1枚

① 13cm のラバーコードは、両端のラバーを5mm ずつ取り除く。

② 7cm のラバーコードは、両端のラバーを2cm ずつ取り除き、U字に曲げる。①の片方の針金の先端を直角に曲げ、U字の中央あたりのラバーに刺して固定する。

④ プラスチックねんどを直径1.5cm×厚さ3mm くらいの円盤状にして、丸シールを貼る。①のもう片方の針金の先端を曲げて刺し、固定する。

③ プラスチックねんどで5mm×4mm くらいの楕円パーツを2つ作る。②の針金の先端を曲げてそれぞれ刺す。

社員証ケース の作り方

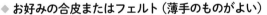

材料

◆ お好みの合皮またはフェルト（薄手のものがよい）
◆ 透明ビニール生地（薄手のものがよい）
◆ ストラップ金具（1mm の丸ゴム15cm ほどでも代用可）
◆ 布用両面テープ

型紙

P70（社員証ケース）

① 社員証ケースの型紙を使って、生地を切る（「透明」のみ透明ビニール生地を使う）。ケース表は中をくり抜き、ケース裏は切り込みを入れておく。

② ケース表の裏面に透明生地をはみ出さないように両面テープで貼る。

③ 通し口を2つ折りして、ケース表の裏にはみ出さないように両面テープで貼る。

④ ③にケース裏を両面テープで貼り合わせる。切り込みをふさがないように気を付ける。

⑤ 通し口にストラップを付ける。お好みでカードなどを入れる。角を丸くしたり、ネイルパーツなどで飾ったりしてもかわいい。

③

ツナギ の作り方

A

材料

◆ お好みの布
◆ 薄型面ファスナー（1cm 幅）
◆ 手縫い糸、布用接着剤

型紙

P43（シャツ）
P71（ズボン左右）

① きほんのシャツ（P42）の作り方④まで行う。

② ズボンの裾を処理して（P21参照）、2枚を中表に合わせ、後ろ股上を本返し縫いで縫う。1枚の状態になる。

③ シャツの裾と、ズボンのウエストを合わせ、本返し縫いで縫う。

④ 前アキを仕上がり線で折っておくとよい。

⑤ 左右の前股上を中表に合わせ、アキ止まりまで本返し縫いで縫う。筒状になる。

⑥ 前股下と後ろ股下を合わせ、U字に本返し縫いで縫う。足が出る部分になる。

⑦ ④を処理し、シャツ部分に面ファスナーを付ける。

⑧ ポケットの縫い代を型紙の①、②は谷折り、③〜⑤は山折りで処理してシャツに接着剤で貼る。

※靴は P122。

① シャツ（裏）

② ズボン（裏）

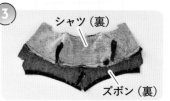

③ シャツ（裏）　ズボン（裏）

エプロン の作り方

B

材料

◆ お好みの布（白）
◆ お好みのリボン（1cm 幅）
◆ 薄型面ファスナー（1cm 幅）
◆ 手縫い糸、手芸用接着剤

型紙

P71（エプロン）

① エプロンの型紙を使って布とリボンを切る。きほんのサロペット（P40）の②と同じ順で縫い代を処理する（P21参照）。リボンがほつれやすいときは、端にほつれ止め液を塗る。

② 後ろアキの縫い代にリボンの片方の端を挟み、一緒に接着剤で貼る。面ファスナーを付ける。

③ リボンのもう片方の端を胸当ての表側に接着剤で貼る。お好みでハトメで止めたり、ネイルパーツなどで飾るとかわいい。

※シャツ、ズボンはきほん（P42、P34）。靴は P122。

②

ベストの作り方

F

材料

- ◆ お好みの布（黒）
- ◆ ドール用バックル（3mm）
- ◆ お好みのボタン（黒、直径3mm）
- ◆ お好みのリボン（黒、1cm幅）
- ◆ 薄型面ファスナー（1cm幅）
- ◆ 手縫い糸、手芸用接着剤

型紙

P70（ベスト）

① ベストの型紙を使って布を切る。A以外の縫い代を処理し（P21参照）、前アキ部分に面ファスナーを付ける。

② 後ろ中心の左右を本返し縫いで縫い合わせる。

③ 脇にリボンを縫い付ける。

④ 片方のリボンにバックルを1cm通す。折り返して5mmほど接着剤で貼り付ける。もう片方は5mmほど折って裏に貼る。

⑤ 型紙の所定の位置にリボンを貼って、飾りポケットにする。前アキに飾りボタンを縫い付ける。

※シャツはきほん（P42）、ズボンはオフィススーツ（P72）、靴はP122。

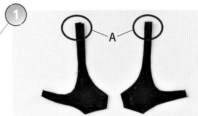

① A

② ココを縫う

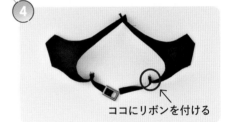

④ ココにリボンを付ける

蝶ネクタイの作り方

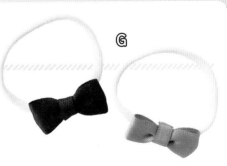

G

材料

- ◆ マスク用ゴム…… 11.5cm
- ◆ お好みのサテンリボン（1.3cm幅）…… 6cm
- ◆ お好みのサテンリボン（5mm幅）…… 4cm
- ◆ 手縫い糸、布用両面テープ、手芸用接着剤

① マスク用ゴムをわにして3mm重ね、縫い止める。

② 太いほうのリボンをわにして端を3mm重ねて接着剤で貼り、中心をつまんでそのまま糸でぐるぐる留める。

③ ②の裏側に両面テープで①を付け、中心に細いほうのリボンを巻き付け、貼り止める。

③

学園

青春シチュエーションには欠かせない！
絶対つくりたいスクールスタイルも、
きほんの応用で作っていきましょう。

A

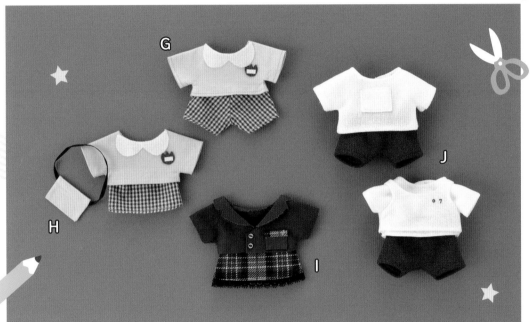

セーラー服型紙

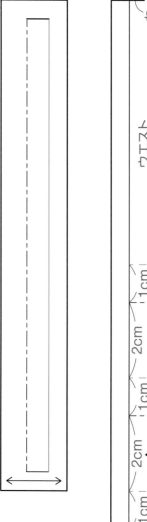

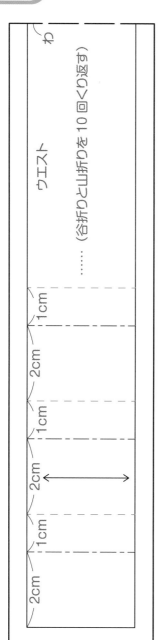

ウエスト

（谷折りと山折りを10回くり返す）

わ

1cm
2cm
1cm
2cm
2cm
1cm
2cm

ひだスカート
ウエストベルト

ひだスカート
谷折り ── ──
山折り ── ──

セーラーカラー

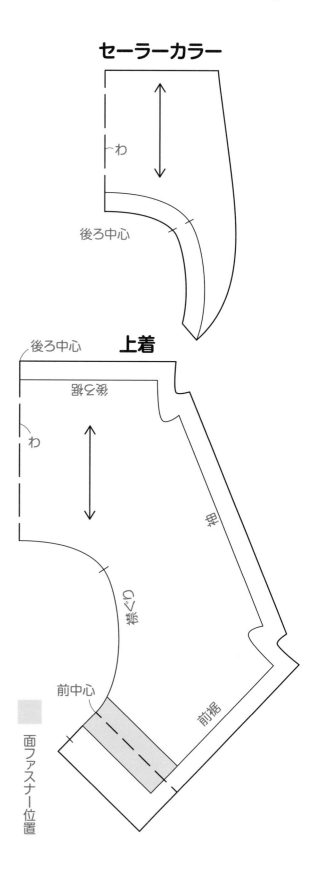

わ

後ろ中心

上着

後ろ中心

後ろ裾

わ

袖

襟ぐり

前中心

前裾

面ファスナー位置

※すべて15cm立ちサイズ。サイズの変え方はP27。

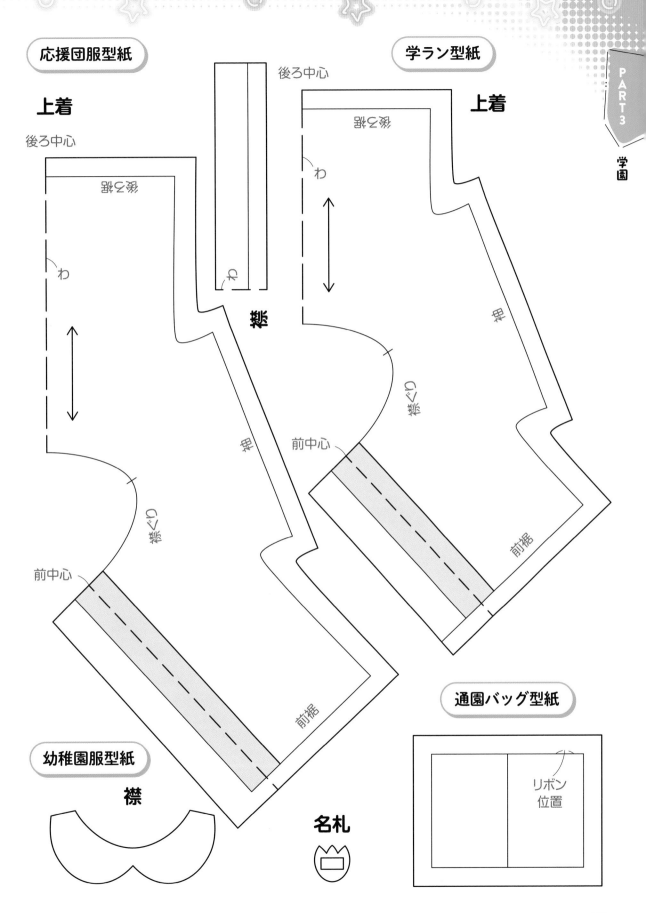

応援団服型紙

上着

後ろ中心

わ

襟

後ろ中心

わ

袖

襟ぐり

前中心

前裾

幼稚園服型紙

襟

学ラン型紙

上着

後ろ中心

わ

袖

襟ぐり

前中心

前裾

名札

通園バッグ型紙

リボン位置

セーラー服 の作り方

材料

- ◆ お好みの布（白、紺、黒）
- ◆ お好みのフェルト（セーラーカラー用、紺）
- ◆ お好みのリボン
- ◆ 手縫い糸、しつけ糸、手芸用接着剤

型紙

P78（上着、セーラーカラー、
　　　ひだスカート、
　　　ひだスカートウエストベルト）

① 上着の型紙を使って布を切る。きほんのシャツ（P42）と同様に作り、接着剤でリボンを貼る。

② ひだスカートの型紙を使って布を切り、型紙の通りに谷折り、山折りの線を交互に引いていく。

③ ②の裾の縫い代を処理（P21参照）してから、山折り、谷折りと交互にアイロンをかけ、ひだを作る。ひだが広がらないように、しつけ糸でウエスト部分を縫う。

④ ウエストベルトの型紙を使って布を切り、③のウエストを中表に合わせてまち針で止めてから本返し縫いで縫い、しつけ糸を取る。

⑤ ウエストベルトを表に返して山折り線で折り、接着剤で貼る。

⑥ 中表にして後ろ中心を縫い合わせ、表に返す。

ブレザー①② の作り方 ※

材料

- ◆ お好みの布（紺、白、チェック）
- ◆ お好みのボタン（金、直径5mm）
- ◆ お好みのリボン
  （ネクタイ用、ストライプ、4〜5mm幅）
  …… 5cm
- ◆ お好みのリボン
  （ベルト用、黒、3mm幅）
  …… 13cm
- ◆ ドール用バックル（ベルト用）
- ◆ 薄型面ファスナー（1cm幅）
- ◆ 手縫い糸、手芸用接着剤

型紙

P43（シャツ、ジャケット）
P35（ズボン・立ち）

きほんのシャツ、ジャケット（P42）、ズボン（P34）と同様に作り、ボタンやネクタイを接着剤で貼り付けて飾る。ベルトは、バックルにリボンを通し、ズボンに接着剤で貼るだけでグッと雰囲気が出る。

ネクタイの付け方

① リボンの端のほうで1回結び、結び目に接着剤を付けて固定する。

② 上に飛び出ている短いリボンを切り落とす。

③ 長さを決めて切り、形を整え、端にほつれ止め液を塗る。シャツの左身頃に接着剤で貼り付ける。

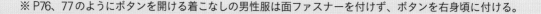

※ P76、77のようにボタンを開ける着こなしの男性服は面ファスナーを付けず、ボタンを右身頃に付ける。

学ラン① の作り方

A ※

材料

◆ お好みの布（黒、白）
◆ お好みのフェルト（立ち襟用、黒）
◆ お好みのボタン（金、直径3mm）
◆ 薄型面ファスナー（1cm幅）
◆ 手縫い糸、手芸用接着剤

型紙

P79（上着）／P43（シャツ）
P35（ズボン・立ち）／P118（靴）

① 上着はP79の型紙を使って布を切り、きほんのシャツ（P42）と同様に作る。立ち襟はフェルトを使っているが、綿などを使う場合はP44の通り、2枚を貼り合わせるときれいに立つ。

② 学ランシャツはきほんのシャツ（P42）、ズボンはきほんのズボン（P34）、靴はP122と同様に作る。

学ラン② の作り方

D

材料

◆ お好みの布（黒）
◆ お好みのボタン（金、直径3mm）
◆ お好みのリボン（立ち襟用、白、5mm幅）
◆ 薄型面ファスナー（1cm幅）
◆ 手縫い糸、手芸用接着剤

型紙

P27（Tシャツ）
P35（ズボン・立ち）

① 上着は、きほんのTシャツ（P26）と同様に作り、白いリボンを襟ぐりに接着剤で貼る。

② 前中心にボタンを付ける。

③ ズボンはきほんのズボン（P34）と同様に作る。

応援団服&タスキ&はちまき の作り方

材料

◆ お好みの布（黒、白）
◆ お好みのフェルト（立ち襟用、黒）
◆ お好みのボタン（金、直径3mm）
◆ お好みの布（タスキ、はちまき用、白）
◆ 薄型面ファスナー（1cm幅）
◆ 手縫い糸、手芸用接着剤

型紙

P79（上着）／P43（シャツ）
P35（ズボン）

上着の型紙を使って、布を切り、学ラン①と同様に作る。ズボンは、きほんのズボン（P34）と同様に作る。

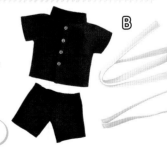

B

（はちまき、タスキ）

タスキは白い布を2×60cmに切り、細長く半分に折ってアイロンをかけ、接着剤で貼る。はちまきは白い布を2×36cmに切り、タスキと同様に作る。

ユニフォーム（サッカー）の作り方

材料

◆ お好みの布（赤、青、ストライプ、迷彩、紺）
◆ お好みのリボン（金、青、黒）
◆ フェルトまたは刺繍糸（背番号用、紺、赤）
◆ 薄型面ファスナー（1cm 幅）　◆ 手縫い糸、手芸用接着剤

型紙

P27（T シャツ）
P35（ズボン・立ち）

きほんの T シャツ（P26）、きほんのズボン（P34）と同様に作る。お好みで肩や襟、ズボンにリボンを付ける。フェルトを切り抜いて接着剤で貼るか、刺繍をして背番号を付ける。

ユニフォーム（バスケ）の作り方

材料

◆ お好みの布（紫、緑）
◆ お好みのリボン（白）　◆ お好みのひも（黄）
◆ フェルトまたは刺繍糸（背番号用、黄、白）
◆ 手縫い糸、手芸用接着剤

型紙

P57（タンクトップ）
P35（ズボン・立ち）

きほんのタンクトップ（P56）、きほんのズボン（P34）と同様に作る。お好みでリボンやひもを付ける。フェルトを切り抜いて接着剤で貼るか、刺繍をして背番号を付ける。

ユニフォーム（野球）の作り方

材料

◆ お好みの布（白）
◆ お好みのリボン
　（アンダーシャツ用、紺、1cm 幅）
　…… 5.7cm
◆ お好みのリボン
　（ベルト用、紺、3mm 幅）…… 13cm
◆ 刺繍糸（背番号用、紺）
◆ 薄型面ファスナー（1cm 幅）
◆ 手縫い糸、手芸用接着剤

型紙

P27（T シャツ）
P35（ズボン・立ち）

Point! 写真のように、刺繍糸で首から胸にかけてと腕にステッチを入れると野球のユニフォームらしく見える。

1. シャツはきほんの T シャツ（P26）と同様に作り、前後ろ逆に着せる。
2. アンダーシャツ用リボンの端を5mm の縫い代で縫い合わせてわにする。
3. ②を①の袖口から5mm ほど出して裏側に接着剤で貼り付ける。
4. ズボンはきほんのズボン（P34）と同様に作る。細いリボンを巻いてベルトにして貼り、バックルがわりに白い布を貼る。

体操服＆ビブスの作り方

材料
- お好みの布（白、赤）
- 薄型面ファスナー（1cm幅）
- 手縫い糸、手芸用接着剤

型紙
P27（Tシャツ）
P35（ズボン・立ち）
P57（ハーフトップ）

① 体操服の上はきほんのTシャツ（P26）、体操服の下はきほんのズボン（P34）と同様に作る。お好みでゼッケンを接着剤で貼り付ける。

② ビブスは、ハーフトップ（P58）と同様に作る。お好みで数字のワッペンを付ける。

幼稚園服①②の作り方

材料
- お好みの布（紺、チェック、ピンク、青）
- お好みのボタン（金、直径5mm）
- お好みのレース（黒）
- フェルト（赤、白）
- リボン（名札用、白、3mm幅）
- 薄型面ファスナー（1cm幅）
- 手縫い糸、手芸用接着剤

型紙
P43（ジャケット）
P31（スカート）
P27（Tシャツ）
P35（ズボン・立ち）
P79（襟、名札）

① 幼稚園服①はきほんのTシャツ（P26）と同様に作り、型紙を使って襟と名札のフェルトを切って接着剤で貼る。名札にはリボンも付ける。ズボン、スカートはP34、30と同様に作る。

② 幼稚園服②はきほんのジャケット（P42）、スカート（P30）、ズボン（P34）と同様に作り、裾の裏側にレースを貼り付ける。ジャケットにポケットを付けても。

通園バッグの作り方

材料
- お好みの布（黄）
- リボン（黒、3〜4mm幅）……12.5cm
- 手縫い糸、手芸用接着剤

型紙
P79（通園バッグ）

① 型紙を使って布を切り、長方形の短い方の2辺の縫い代を処理する（P21参照）。

② 中表にして印の位置にリボンを挟み、まち針で止めてから両脇を縫い表に返す。

アイドル

キラキラなステージ衣装も、きほんをベースに。
メンバーカラーや推しモチーフに合わせた布や、
パーツを探すのも楽しみのひとつです。

F　王子様ケープ＆シャツ…P89
G　マリン風衣装①…P91
H　マリン風衣装②…P93
I　マイク＆マイクスタンド…P90
J　ラブリードレス…P88
K　推し色衣装②…P89

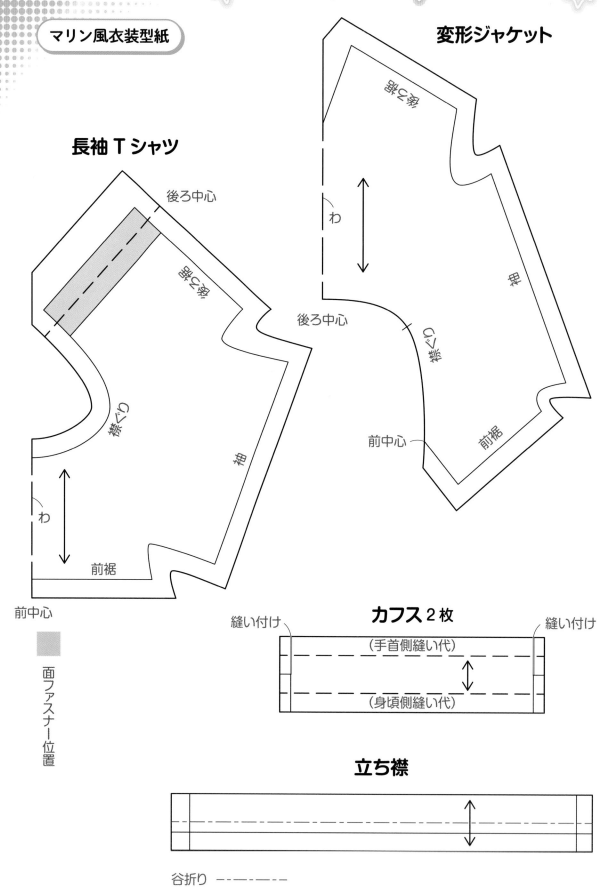

マリン風衣装型紙

長袖Tシャツ

後ろ中心

後ろ身頃

後ろ中心

襟ぐり

袖

わ

前裾

前中心

面ファスナー位置

変形ジャケット

後ろ裾

わ

甲

襟ぐり

前中心

前裾

カフス2枚

縫い付け　縫い付け

（手首側縫い代）

（身頃側縫い代）

立ち襟

谷折り ー・ー・ー

※すべて15cm立ちサイズ。サイズの変え方はP27。

マリン風帽子

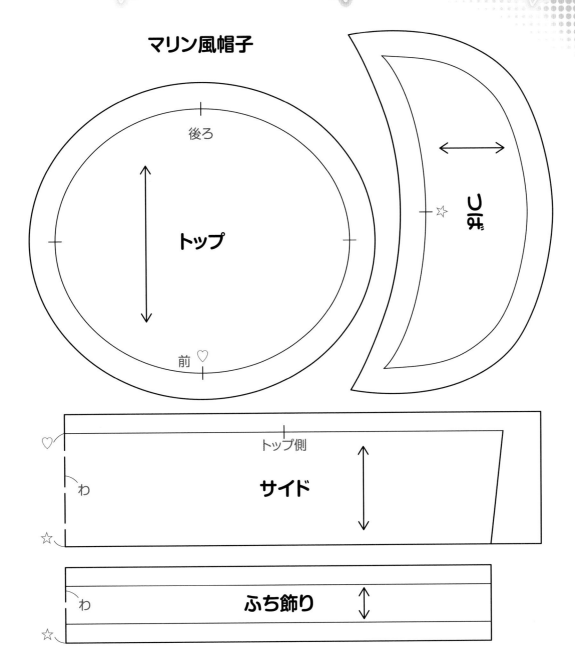

後ろ

トップ

前 ♡

サイド

♡

わ

トップ側

☆

ふち飾り

わ

☆

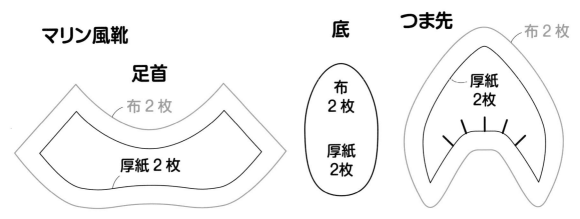

マリン風靴

足首

布2枚

厚紙2枚

底

布2枚

厚紙2枚

つま先

布2枚

厚紙2枚

スクール風衣装 の作り方

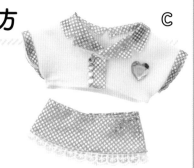
Ⓒ

▶材料◀

◆ お好みの布（白、ピンク）
◆ お好みの飾り（ネイルパーツ、レース）
◆ 手縫い糸、手芸用接着剤

▶型紙◀

P43（ジャケット）
P31（スカート）

きほんのジャケット（P42）、きほんのスカート（P30）と同様に作る。お好みで、袖に余り布を接着剤で貼ったり、ネイルパーツやレースで飾る。

ふわふわドレス&ラブリードレス の作り方

Ⓓ

♩

▶材料◀

◆ お好みの布（白、ピンク、茶色）
◆ お好みのチュール
◆ お好みの飾り（リボン、レース、フリル、ネイルパーツ、ビーズ）
◆ 手縫い糸、手芸用接着剤

▶型紙◀

P57（ハーフトップ）
P31（ワンピースのスカート）
P27（Tシャツ）

きほんのワンピース（P30）と同様に作る。ラブリードレスはスカートを縫い合わせるときにチュールを挟んで縫う。リボンやレース、フリル、ネイルパーツ、ビーズなどを飾る。

小悪魔風衣装 の作り方

Ⓐ

▶材料◀

◆ お好みの布（ピンク）
◆ お好みのチュール（黒）
◆ お好みの飾り（リボン、レース）
◆ 手縫い糸、手芸用接着剤

▶型紙◀

P51（パーカー）
P31（スカート）

きほんのパーカー（P50）、きほんのスカート（P30）と同様に作る。スカートは上にチュールを重ねる。フードにお好みのレースや、胸にお好みのリボンを接着剤で貼って飾る。

王子様ケープ&シャツの作り方

F

材料

- ◆ お好みの布（赤、黄、青、白）
- ◆ 刺繍パーツ（金）
- ◆ バラパーツ…1個
- ◆ 丸ゴム（3mm）…4cm
- ◆ お好みの飾り
  （毛糸、リボン、刺繍パーツ）
- ◆ 手縫い糸、手芸用接着剤

型紙

P27（Tシャツ）
P47（きほんのケープ）

① きほんのケープ（P46）と同様に作る。リボンではなく片側に丸ゴムを縫い込む。

② 反対側の前アキにバラパーツを接着剤で貼る。裾に毛糸を付けたり、刺繍パーツを貼って飾る。

③ きほんのTシャツ（P26）と同様にシャツを作り、リボンや刺繍パーツで飾る。

※ズボン、スカートはきほん（P34、P30）。靴はP122。

推し色衣装①の作り方

B

材料

- ◆ お好みの布（白）
- ◆ お好みのリボン（赤、ピンク、オレンジ、金、銀）
- ◆ 手縫い糸、手芸用接着剤

型紙

P27（Tシャツ）
P35（ズボン・立ち）

① きほんのTシャツ（P26）とズボン（P34）と同様に作る。

② さまざまな幅のリボンを重ねて飾る。

推し色衣装②の作り方

K

材料

- ◆ お好みの布（黒、チェック）
- ◆ お好みのリボン（黒、金、銀、3cm幅）
- ◆ お好みの飾り（ネイルパーツ）
- ◆ 手縫い糸、手芸用接着剤

型紙

P27（Tシャツ）
P35（ズボン・立ち）

②

① きほんのTシャツ（P26）とズボン（P34）と同様に作る。

② Tシャツはリボンやズボンの布、ネイルパーツで飾る。ズボンにリボンをサスペンダーのようにして接着剤で貼る。

韓国風衣装 の作り方

材料

◆ お好みの布（ペイズリー）
◆ お好みのリボン（金）
◆ お好みの飾り（ネイルパーツ）
◆ 手縫い糸、手芸用接着剤

型紙

P43（シャツ）
P35（ズボン・座り）

きほんのシャツ（P42）ときほんのズボン（P34）と同様に作る。ジャケットはリボンとネイルパーツで飾る。

マイク&マイクスタンド の作り方

材料

◆ ワイヤー入りラバーコード（直径3.5mm）…… 7cm
◆ 樹脂ねんど（黒）またはお湯で柔らかくなるプラスチックねんど（黒）
◆ 紙やすり
◆ 修正液またはアクリル絵の具（白）
◆ 木工用接着剤

(1) ラバーコードの上部に樹脂ねんどを巻く。

(2) 別の樹脂ねんどを1cm×2cmの薄い板状に伸ばし、C字に曲げて①の上部に接着する。

(3) 樹脂ねんどで直径2〜3cm×高さ1.2cmほどの円錐の土台を作る。デスクマットなどを押し当てながら底を平らにするとよい。上から中央に①を刺し、乾燥させる。

※乾燥して土台の底が浮いたときは、紙やすりで削って平らにし、水を薄く付けた指で撫でるとよい。

(4) 樹脂ねんどで球状のマイクヘッドと円錐台の握る部分を作る。円錐台はしずくの形を作り、乾燥後に上下をカッターで切り落とすとよい。
乾燥後それぞれを接着剤で接着し、マイクの形にする。お好みで、修正液などでマイクヘッドに網を描く。

(5) 1cm幅に薄く伸ばした樹脂ねんどを帯のように④に巻き、乾燥させる。

マリン風衣装① の作り方

材料

◆ お好みの布（白、赤、青、ダイヤ柄）
◆ お好みの飾り（リボン、スパンコール、ボタン、
　レース、ネイルパーツ、チュール、平ゴム）
◆ 厚紙
◆ 固めのフェルト（靴底用）
◆ 手縫い糸、手芸用接着剤、
　セロハンテープ

型紙

P86（変形ジャケット、カフス、立ち襟）
P43（シャツとジャケットの襟）
P27（Tシャツ）
P35（ズボン・立ち）
P87（マリン風帽子、マリン風靴）

変形ジャケット

①　変形ジャケットの型紙を使って、布を切る。襟
　　はお好みでシャツとジャケットの2枚を使い、接
　　着剤で写真のように貼る。

②　きほんのジャケット（P42）と同様に作る。お好
　　みでスパンコールやネイルパーツを飾る。

立ち襟Tシャツ

①　きほんのTシャツの型紙を使って布を切る。襟
　　ぐり以外の縫い代を処理し（P21参照）、きほん
　　のTシャツ（P26）と同様に作る。

②　立ち襟の型紙を使って布を切り、①と中表に合
　　わせて襟ぐりを本返し縫いで縫う。

③　襟を起こして谷折り線で身頃の裏側に折り、接
　　着剤で貼る。お好みでボタンを飾る。

ズボン

きほんのズボン（P34）と同様に作る。お好みでリボンを飾る。

マリン風帽子

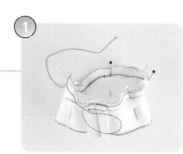

① マリン風帽子の型紙を使って布を切り、サイドを縫い合わせてわにする。トップとサイドを中表に合わせてまち針で仮止めし、本返し縫いで縫い合わせる。

② サイドにふち飾りを覆うように接着剤で貼る。お好みでリボンやレースを飾る。

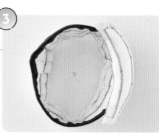

③ つばの前側の縫い代を処理する（P21参照）。頭側の縫い代に切り込みを入れ、アイロンで折って、②の内側に貼り付ける。

マリン風靴

足首・厚紙

つま先・厚紙

底・厚紙

足首・布

① マリン風靴の型紙を使って厚紙と布を切る。底の布はフェルトを使う。足首の厚紙の端同士を合わせ、セロハンテープで止める。

② つま先の厚紙と底の厚紙をセロハンテープで固定する。

③ ①の表面を覆うように足首の布を接着剤で貼る。

④ ②の表面を覆うようにつま先の布を貼る。このとき、足首側の縫い代だけは貼らず、切り込みを入れる。

⑤ ④に③を乗せ、④で貼らなかった布と③を貼り付けて固定する。

⑥ 底にフェルトを貼る。お好みで平ゴムやチュール、ネイルパーツで飾る。もう片方も同様に作る。

マリン風衣装② の作り方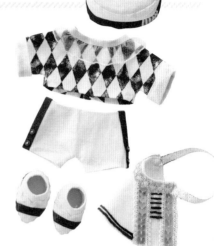

H

材料

- お好みの布（白、ダイヤ柄）
- お好みのリボン（片側ケープ用、銀、5mm 幅）…… 12cm
- お好みの飾り（リボン、スパンコール、レース、ボタン、ネイルパーツ、チュール付き平ゴム、刺繍糸）
- 厚紙　◆ 固めのフェルト（靴底用）
- 面ファスナー（1cm 幅）
- 手縫い糸、手芸用接着剤、セロハンテープ

型紙

P98（片側ケープ）／P86（長袖 T シャツ、カフス）
P35（ズボン・立ち）／P87（マリン風帽子、マリン風靴）

片側ケープ

①  片側ケープの型紙を使って布を切る。縫い代を処理し（P21 参照）、外表で2枚貼り合わせて作った襟をケープの襟ぐりに接着剤で貼る。

②  襟の下にリボンを貼る。後ろ側のリボンは面ファスナーかスナップで止める。お好みでスパンコールやレースを飾り、刺繍でラインを入れる。

カフス付き長袖 T シャツ

① 長袖 T シャツの型紙を使って、布を切る。きほんの T シャツ（P26）と同様に作る。

② 襟はお好みで、チュール付き平ゴムを付ける。

③ カフスは袖口の縫い代を処理し、中表に合わせて型紙の「縫い付け」部分を本返し縫いで縫う。

④ カフスの身頃側縫い代をシャツの袖に差し込み、接着剤で貼り合わせる。

⑤ カフスを身頃側に折り返し、好みでネイルパーツで飾る。もう片方のカフスも同様に作る。

ズボン
きほんのズボン（P34）と同様に作り、お好みでリボンとボタンを飾る。

マリン風帽子
P92 ② まで作り、つばを付けない。お好みでリボンを貼る。

マリン風靴
P92 の靴と同様に作り、お好みでチュール付き平ゴムやリボンを飾る。

ファンタジー

異世界風の衣装は、ネイルパーツや刺繍シールなどで
遊び心いっぱいにアレンジしましょう。

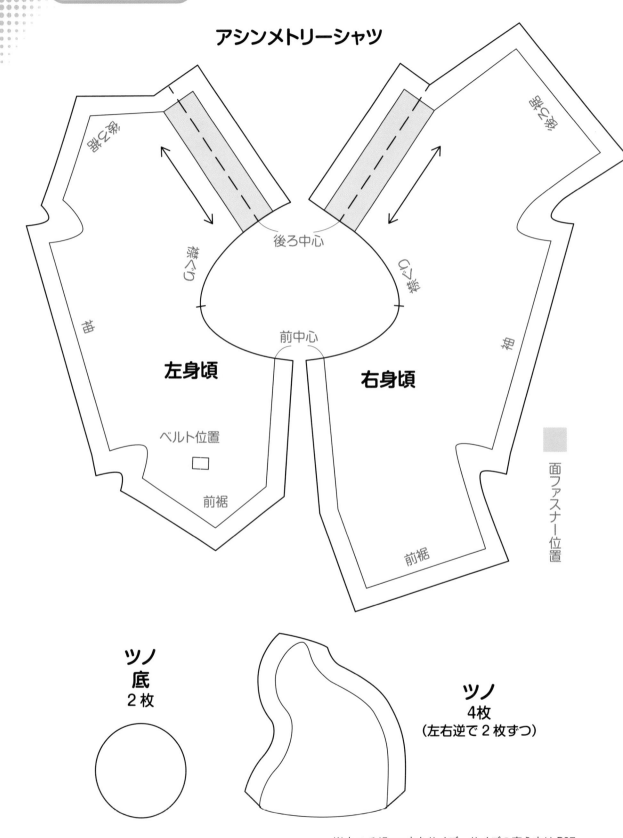

魔王風衣装型紙

アシンメトリーシャツ

左身頃 / 右身頃

ツノ底 2枚

ツノ 4枚（左右逆で2枚ずつ）

※すべて15cm立ちサイズ。サイズの変え方はP27。

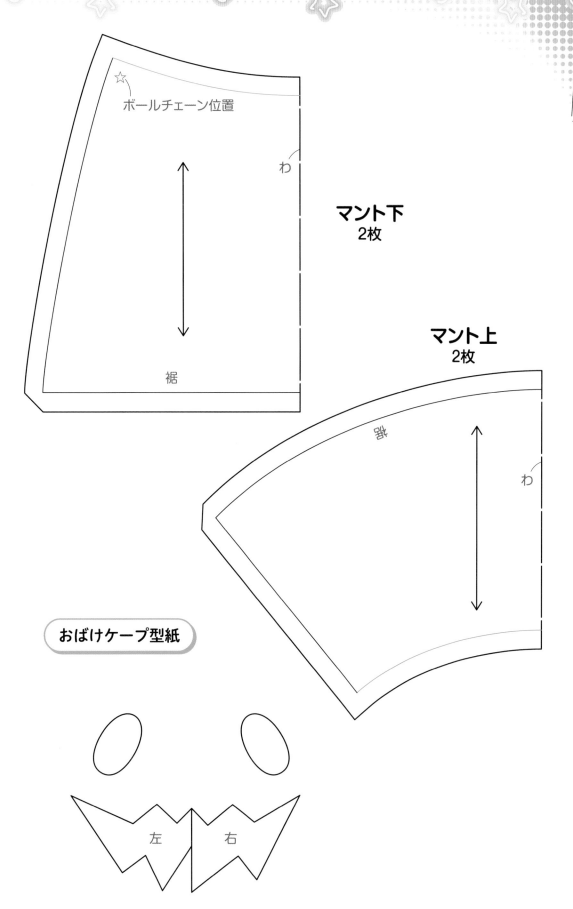

ボールチェーン位置

わ

マント下
2枚

裾

マント上
2枚

裾

わ

おばけケープ型紙

左　右

眼帯型紙

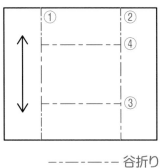

- ----- 谷折り

猫耳型紙

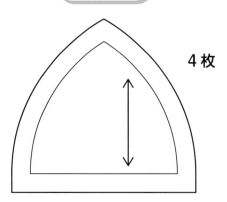

4枚

片側ケープ型紙

後ろ中心

片側ケープ襟

面ファスナーかスナップ位置

襟付け位置

リボン位置

ドラキュラケープ襟型紙

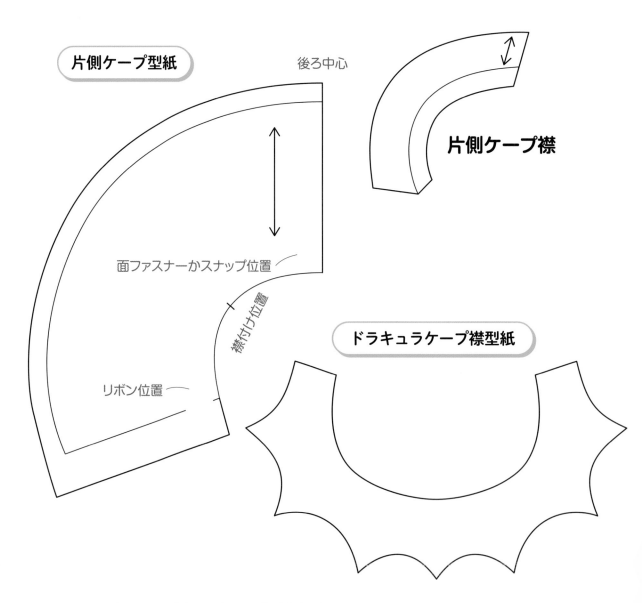

※すべて15cm 立ちサイズ。サイズの変え方は P27。

海賊風衣装① の作り方

A

材 料

- お好みの布（緑、白、茶）
- お好みの飾り（リボン、ネイルパーツ）
- 薄型面ファスナー（1cm 幅）
- 手縫い糸、手芸用接着剤

型 紙

P70（白衣）
P27（T シャツ）
P35（ズボン・立ち）

ジャケット

白衣（P72）と同様に作る。ただし面ファスナー、襟とポケットは付けない。固めの布を使い、襟と裾の縫い代を処理せず切りっぱなしにすると雰囲気が出る。お好みで前アキにリボンを飾る。

T シャツ

きほんの T シャツ（P26）と同様に作る。胸の飾りは余り布を使い、ギャザーを寄せて縫い、縫い目をネイルパーツで飾ったもの。

ズボン

きほんのズボン（P34）と同様に作る。

※靴は P122。

海賊風衣装② の作り方

B

材 料

- お好みの布（ペイズリー、黒、赤）
- お好みの飾り（リボン）
- 手芸用接着剤、手縫い糸

型 紙

P70（白衣）
P27（T シャツ）
P35（ズボン・立ち）

ジャケット

海賊風衣装①と同様に作る。ここでは縫い代はすべて処理した。

シャツ

きほんの T シャツ（P26）と同様に作る。ただし、面ファスナーは付けずに仕上げる。後ろ前に着せてアシンメトリーな前アキにすると雰囲気が出る。

ズボン

きほんのズボン（P34）と同様に作る。

魔王風衣装の作り方

材料

◆ お好みの布（黒、紺、青、星柄、白）
◆ お好みのチュール（マント用、黒）
◆ お好みの飾り（飾りひも、フリル、ネイルパーツ、リボン、バックル）
◆ フェルト（ツノ用、紺）
◆ 固めのフェルト（靴底用）
◆ ボールチェーン（リボン等でも代用可）…… 3cm×2本
◆ 厚紙（白）　◆ 丸ゴム（直径2mm）
◆ 手芸用綿　◆ 薄型面ファスナー（1cm幅）
◆ 手縫い糸、手芸用接着剤

型紙

P96（ツノ、アシンメトリーシャツ）
P43（シャツの襟）／P97（マント）
P35（ズボン・立ち）／P87（マリン風靴）

ツノ

① 型紙を使って布を切り、ツノ2枚を中表に合わせて底の部分以外を縫い合わせる。これを2個作る。

② 丸ゴムにツノ底2つを縫い付ける。2つの位置がお好みの位置になるようにする。ぬいの頭の大きさに合わせて丸ゴムを切り、結ぶ。先に丸ゴムを切って輪を結び、ツノ底に結び目を隠すとよりきれいに仕上がる。

③ ①の縫い代に切り込みを入れて表に返し、綿を詰めて②と縫い合わせる。もう片方も同様にする。

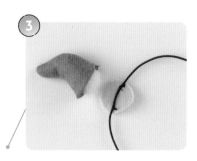

アシンメトリーシャツ

① 型紙を使って布を切る。襟と身頃は互い違いの色にするとかわいい。

② 袖、裾の縫い代を処理し（P21参照）、袖下と脇を本返し縫いで縫う。

③ 左右の身頃の前中心を中表に合わせて本返し縫いで縫い合わせ、縫い代をアイロンで割る。お好みで、バックルを通したリボンも一緒に縫い合わせる。

④ 襟は、後ろ中心で半分に切ってから②に接着剤で貼る。ここでは2枚重ねて貼った。後ろアキの縫い代を処理して面ファスナーを付け、お好みで、ネイルパーツや刺繍ひも、レースなどを飾る。

マント

① 型紙を使って布を切る。上の2枚を中表に合わせ、青い線以外を袋状に本返し縫いで縫い合わせる。下2枚も同様に縫う。お好みで、上の布を星柄とチュールの2種類使う。

② ①を表に返し、青い線部分の縫い代は裏側に折り込んで上下をコの字とじで縫い合わせる。

③ 型紙の所定の位置にボールチェーンやリボンを縫い付ける。ボールチェーンは、1本をはさみで3cmずつ切り分けるとよい。

ズボン
きほんのズボン（P34）と同様に作る。お好みでネイルパーツを飾る。

靴
マリン風靴（P92）と同様に作る。

妖精風衣装 の作り方

材料

- ◆ お好みの布
  （花柄、茶、青、ストライプ柄、白）
- ◆ お好みの飾り
  （飾りひも、花のレース、
  花刺繍パーツ、チュール、
  ネイルパーツ、バックル）
- ◆ フェルト（ツノ用、ピンク）
- ◆ 固めのフェルト（靴底用）
- ◆ 革ひも……5cm×1本
- ◆ 厚紙（白）
- ◆ 丸ゴム（直径2mm）
- ◆ 手芸用綿
- ◆ 薄型面ファスナー（1cm幅）
- ◆ 手縫い糸、手芸用接着剤

型紙

P96（ツノ、アシンメトリーシャツ）
P98（片側ケープ）
P35（ズボン・立ち）
P87（マリン風靴）

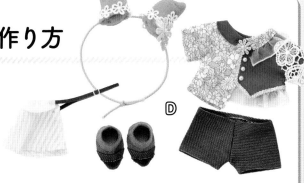

Ⓓ

ツノ
魔王風衣装のツノと同様に仕上げる。お好みで花のパーツやネイルパーツを飾る。

片側ケープ

マリン風衣装②と同様に作る。お好みで革ひもを使い、バックルを通す。

アシンメトリーシャツ

魔王風衣装のアシンメトリーシャツの型紙を反転して使い布を切り、P100と同様に作る。襟は1枚にして、お好みで片側のみチュールを重ねる。お好みで、刺繍ひも、チュール、レース、花のパーツ、ネイルパーツを飾る。

ズボン
きほんのズボン（P34）と同様に作る。

靴
マリン風靴（P92）と同様に作る。

眼帯 の作り方

材料

◆ お好みの布（チェック）
◆ 丸ゴム（直径1mm）…1本
◆ 手芸用接着剤

型紙

P98（眼帯）

① 型紙を使って布を切る。型紙の①、②を谷折りにして折り目を2本付ける。

② 折り目に合わせて接着剤で貼り合わせる。もう片側も同様にする。貼り合わせたら、型紙の③、④を谷折りにして2本折り目を付ける。

③ ぬいの顔の大きさに合わせて丸ゴムを切り、③の折り目に挟んでから布だけ貼り合わせる（ゴムは動くようにする）。

④ 写真のように丸ゴムをループさせ、④の折り目に挟んでから布だけ貼り合わせる。丸ゴムを結ぶ。結び目は折り目に隠すか、ぬいの頭の後ろにくるようにするときれい。

猫耳ケープ&メイド風ドレス の作り方

材料

◆ お好みの布（黒、濃いピンク）
◆ お好みのリボン（オレンジ）
◆ お好みのレース
◆ 薄型面ファスナー（1cm幅）
◆ 手芸用接着剤、手縫い糸

型紙

猫耳ケープ：
P47（ケープ）
P61・62（着ぐるみのフード）
P98（猫耳）
メイド風ドレス：
P27（Tシャツ）
P31（ワンピースのスカート）

猫耳ケープ

① きほんのケープ、きほんの着ぐるみのフード、猫耳の型紙を使って布を切る。

② 猫耳は中表にして2枚を縫い合わせ、表に返す。きほんの着ぐるみ（P60）のフードの作り方⑨まで作り、耳とフードを合わせるときは耳に丸みをつけながら縫い付ける。

③ きほんのケープの型紙を使って布を切り、②を中表に合わせて襟ぐりにギャザーを寄せて本返し縫いで縫い合わせる。きほんのケープ（P46）と同様に作る。

メイド風ドレス

きほんのワンピース（P30）と同様に作る。お好みで、レースを胸やウエスト、裾に貼って飾る。

※靴はP122。

神父風衣装 の作り方

材料

◆ お好みの布（黒）
◆ リボン（黒、5mm幅）…3本
◆ リボン（白、3mm幅）…2本
◆ リボン（白に金ふち、3mm幅）…1本
◆ お好みのネイルパーツ（十字架）
◆ 薄型面ファスナー（1cm幅）
◆ 手縫い糸、手芸用接着剤

型紙

P27（Tシャツ）
P35（ズボン・立ち）

きほんのTシャツ（P26）ときほんのズボン（P34）と同様に作る。Tシャツは太さの違うリボンを重ねて、肩と胸に貼る。十字架のネイルパーツを飾る。

神官風ケープ＆おばけケープ＆ドラキュラケープ＆かぼちゃケープ の作り方

材料

◆ お好みの布（紺、ストライプ、白、黒、オレンジ）
◆ フェルト（黒、赤）
◆ 刺繍シール
◆ リボン（白、赤、金、緑）
◆ 茶色の水彩絵の具やペン
◆ 薄型面ファスナー（1cm幅）
◆ 手縫い糸、手芸用接着剤

型紙

神官風ケープ：P47（ケープ）
おばけケープ：
P51（パーカーのフード）
P47（ケープ）
P97（顔）
ドラキュラケープ：
P47（ケープ）
P98（襟）
かぼちゃケープ：P47（ケープ）

神官風ケープ

きほんのケープ（P46）と同様に作る。裏と表は布を変える。刺繍シールで飾る。

おばけケープ

きほんの着ぐるみ（P60）のフードを作り、ギャザーを寄せながらきほんのケープに縫い合わせ、仕上げる。裾の縫い代は処理せず、切りっぱなしにすると雰囲気が出る。フェルトでおばけの目と口を切り、接着剤で貼る。裾は水彩絵の具やペンで汚すように色を付ける。

ドラキュラケープ

きほんのケープ（P46）と同様に作り、裾はギザギザと切り込みを入れる。型紙を使って襟のパーツをフェルトで切り、貼る。

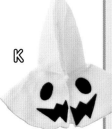

かぼちゃケープ

きほんのケープ（P46）と同様に作る。襟は、リボンをランダムでプリーツを付けながら縫い付ける。

和風

和の衣装はちょっとレベルが高め。
でも、きほんを押さえていれば大丈夫。
ぬいのために挑戦してみましょう。

A

B

C

D

E

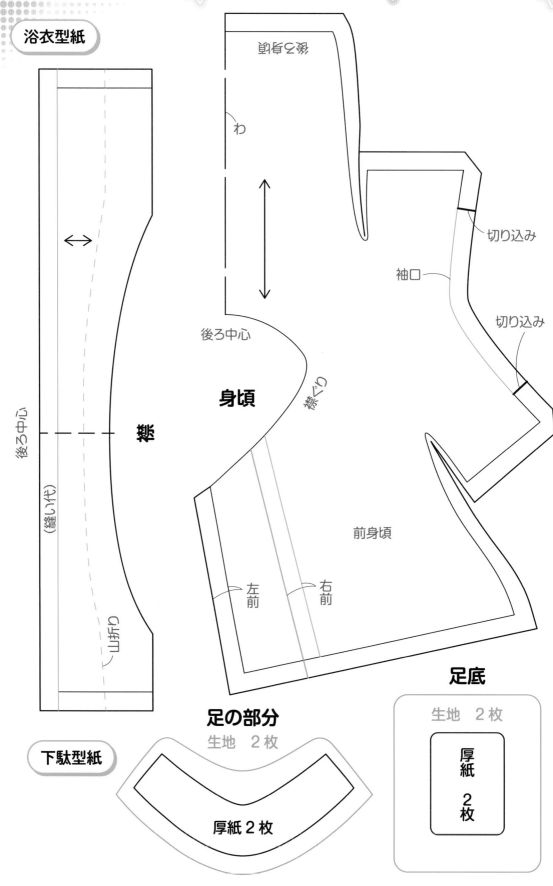

浴衣型紙

後ろ身頃

わ

後ろ中心

身頃

衿つけ

前身頃

後ろ中心

（縫い代）

襟

山折り

切り込み

袖口

切り込み

左前

右前

足の部分

生地　2枚

厚紙2枚

足底

生地　2枚

厚紙
2
枚

下駄型紙

※すべて15cm立ちサイズ。サイズの変え方はP27。

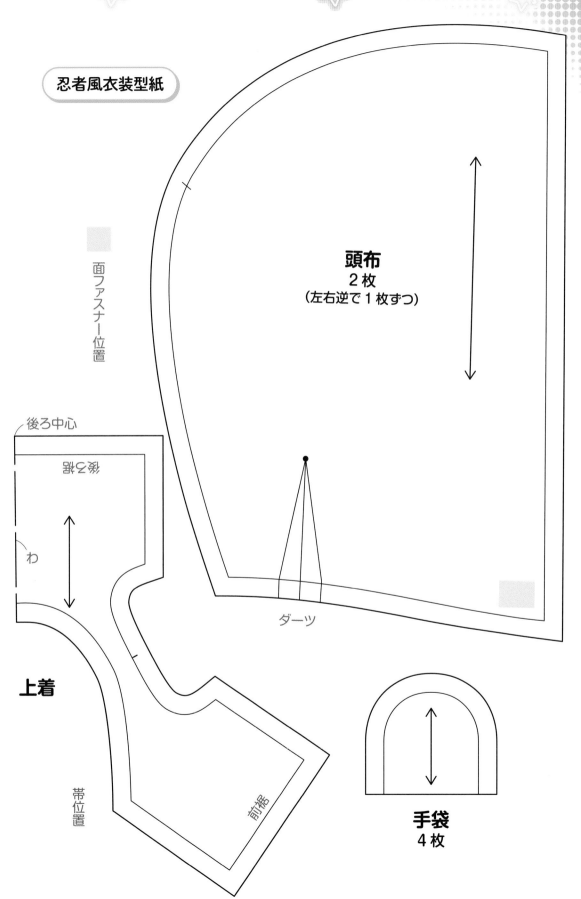

忍者風衣装型紙

頭布
2枚
（左右逆で1枚ずつ）

面ファスナー位置

後ろ中心

後ろ裾

わ

ダーツ

上着

帯位置

前裾

手袋
4枚

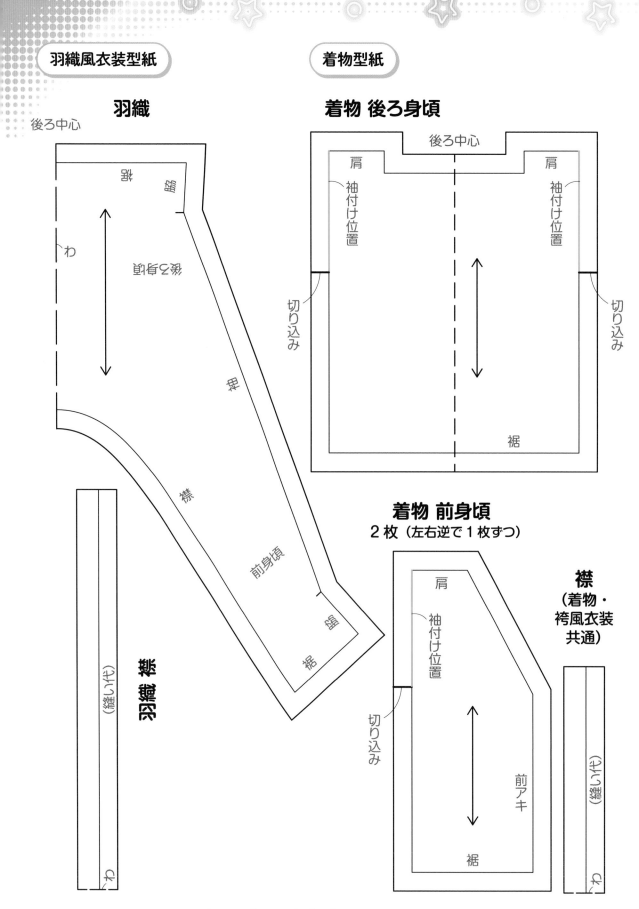

羽織

着物 後ろ身頃

着物 前身頃
2枚（左右逆で1枚ずつ）

襟
（着物・袴風衣装共通）

※すべて15cm立ちサイズ。サイズの変え方はP27。

袴風衣装型紙

袴上 前身頃
2枚（左右逆で1枚ずつ）

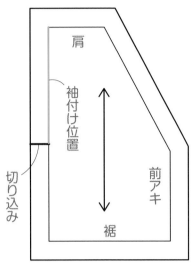

袴上 後ろ身頃

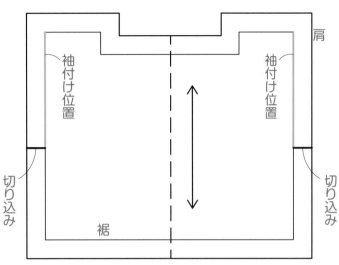

袖
2枚
（着物・袴風衣装共通）

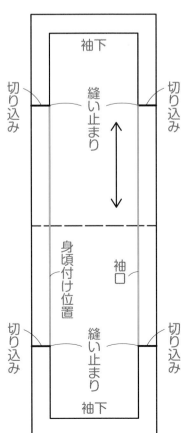

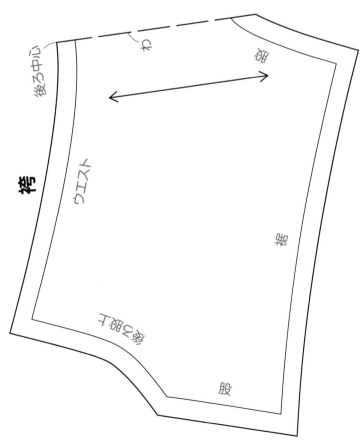

浴衣の作り方

A

材料

◆ お好みの布（紺）
◆ リボン（1.2cm 幅）
◆ 薄型面ファスナー（1cm 幅）
◆ 手縫い糸、手芸用接着剤

型紙

P106（浴衣）

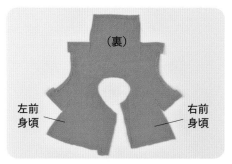

① 身頃の型紙を使って布を切る。左右の形が違うので注意する。右前身頃より左前身頃の方が幅が広い形になる。

② 袖口の縫い代を処理してから（P21参照）、前身頃と後ろ身頃を中表に合わせ、袖下から脇を本返し縫いで縫う。

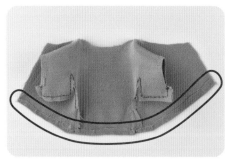

③ 裾の縫い代を処理する（P21参照）。

Point!

脇の下の縫い代は、縫い目のぎりぎりまで切り込みを入れておくときれいに表に返せる。糸を切らないように注意する。

④ 前合わせの縫い代を処理する。

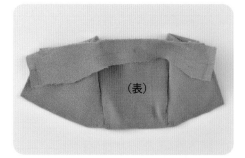

⑤ 襟の型紙を使って布を切り、④と中表に合わせ、身頃の襟ぐりに接着剤で貼る。お好みで、本返し縫いで縫い合わせてもよい。

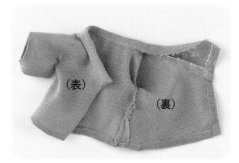

⑥ 身頃を表に返し、襟を立てる。

⑦ 襟を折り、身頃の裏面に接着剤で貼り付ける。前アキに面ファスナーを付ける。

帯の結び方

① 端から8cmあたりでリボンを折る。

② 折ったリボンをもう一度上に折る。

③ 端を後ろから手前に持ってきて、結び目に通す。

④ 結び目をぎゅっと締めて形を整える。

⑤ 結び目の裏側と帯の反対の端に、面ファスナーを付ける。

でき あ が り !

下駄 の作り方

材料

◆ お好みの布（茶）
◆ ナイレックス（足用、ペールオレンジ）
◆ お好みの刺繍糸やリリヤーンひも（鼻緒用）…約3cm
◆ 厚紙（厚みを出したいときはダンボールでもよい）
◆ 手縫い糸、手芸用接着剤、セロハンテープ

型紙

P106（下駄）

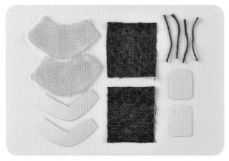

① 下駄と足の型紙を使って厚紙と布を切る。

② 足の厚紙を丸めてセロハンテープで止める。

③ ❷を足の布でくるみ接着剤で貼る。

④ 刺繍糸やリリヤーンひもを鼻緒のように接着剤で貼る。

⑤ 下駄の厚紙を布でくるんで接着剤で貼る。

⑥ ❹と❺を接着剤で貼る。

忍者風衣装 の作り方

◎

材料

◆ お好みの布（黒）
◆ ローンネット（手袋用）
◆ お好みのリボン
◆ 薄型面ファスナー（1cm角2枚）
◆ 手縫い糸、手芸用接着剤
◆ ほつれ止め液

型紙

P107（頭巾、上着、手袋）
P57（タンクトップ、海パン）

頭巾

① 頭巾の型紙を使って布を切り、ダーツの部分をつまんで縫う。縫い終わったらダーツを後ろに倒す。

② ①を中表に合わせ、頭の後ろ部分を本返し縫いで縫い合わせる。

③ 顔まわりと首まわりの縫い代の処理をし（P21参照）、あご下に面ファスナーを付ける。

①

Point!
面ファスナーは左右とも
表側に付け、ひねって止
めると、巻き付けた感じ
が出る。

上着

① 上着の型紙を使って布を切り、タンクトップはP58❸まで作る。ただし、前後は逆にする。

② 前アキは縫い合わせずにそのままにし、リボンを巻き付けて後ろ身頃と前左身頃に接着剤で貼り（右身頃には貼らない）、結ぶ。

②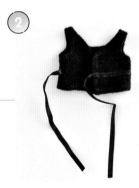

ズボン
きほんの海パン（P56）と同様に作る。

手袋

① 手袋の型紙を使って布を切り、2枚を中表に合わせて手首の部分を残してまわりを本返し縫いで縫い合わせる。

② 表に返し、手首の部分の布端にほつれ止め液を塗る。もう片方も同様に作る。

着物&羽織風衣装の作り方

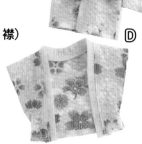

材料

- お好みの布（和柄）
- お好みのフェルト（襟用、赤、黄）
- リボン（1.2cm幅）
  …… 15cm×2本、3cm×1本
- 薄型面ファスナー（1cm幅）
- 手縫い糸、手芸用接着剤

型紙

着物：P108（前身頃、後ろ身頃、襟）
　　　P109（着物袖）
羽織：P108（羽織、羽織襟）

D

着物

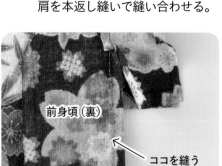

ココを縫う
後ろ身頃（表）　前身頃（裏）

① 着物の型紙を使って布を切り、前身頃と後ろ身頃を中表に合わせて肩を本返し縫いで縫い合わせる。

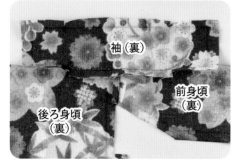

袖（裏）
後ろ身頃（裏）　前身頃（裏）

② 袖と①を中表に合わせ、本返し縫いで縫い合わせる。

前身頃（裏）
ココを縫う

③ 袖口部分の縫い代を処理し（P21参照）、前後身頃を中表に合わせて脇を本返し縫いで縫う。

袖（裏）
ココを縫う

④ 袖の下の部分を縫い止まりまでコの字に縫う。角には適宜切り込みを入れる。

⑤ 前アキと裾の縫い代を処理する。

⑥ 襟の縫い代に切り込みを入れ、接着剤で身頃の裏側に貼り付ける。

⑦ リボン（15cm）1本はお好みで刺繍パーツを貼って飾る。

⑧ もう1本のリボン（15cm）はたたんで、3cmのリボンを中央に巻きつけて貼り、⑦の先端に縫い付ける。

⑨ ⑧の両端に面ファスナーを付ける。

① 羽織と羽織襟の型紙を使って布を切る。

② 前後身頃を中表に合わせ、脇を本返し縫いで
縫って縫い代を割る。

③ 袖口と襟と裾の縫い代を処理する（P21参照）。

④ 襟の縫い代に切り込みを入れ、接着剤で身頃
の裏側に貼り付ける。

ココを縫う

袴風衣装 の作り方

材 料

◆ お好みの布
◆ フェルト（襟用）
◆ 平ゴム（3mm幅）
◆ 手縫い糸、手芸用接着剤

型 紙

P108（着物襟）
P109（袴上前身頃、袴上後ろ身頃、袖、袴）

E

袴上

着物（P114）と同様に作る。丈の長さが違うだけ。

袴

① 型紙を使って布を切る。

② きほんのズボン（P34）と同様に作る。

③ ウエストに、少し引っ張りながらまち針で
平ゴムを止め、なみ縫いで縫い付ける。
（ゴムは、ミシンを使うほうが付けやすい）

おでかけ

靴やバッグ、マスクにベルト。
一緒におでかけしたくなる
服や小物を集めました。

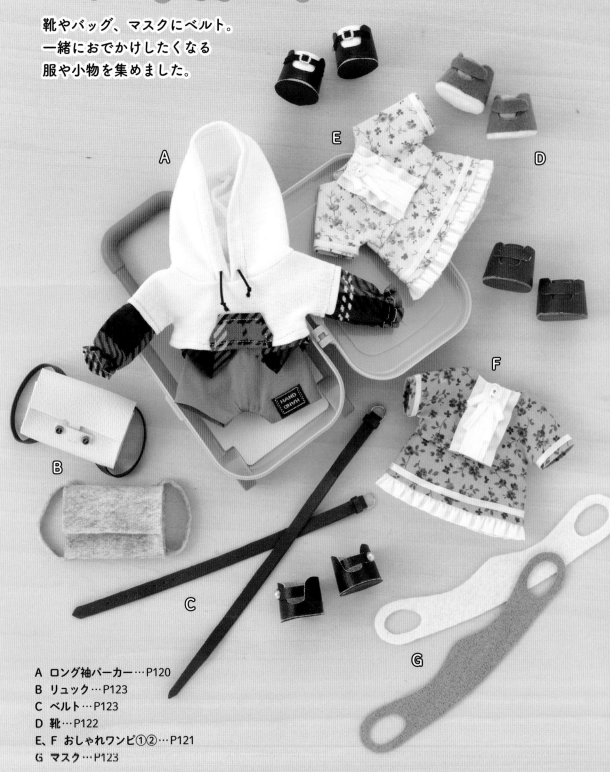

H　ニット帽（猫耳風）…P121
I　カンカン帽…P122
J　ニット帽（丸型）…P121

K　秋コーデ…P120

裾（前）
2枚（左右逆で1枚ずつ）

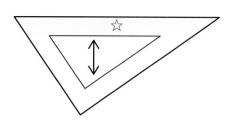

袖　2枚

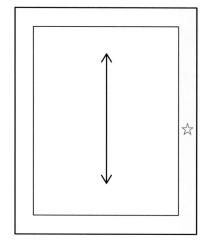

裾（後ろ）

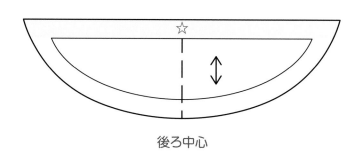

後ろ中心

靴型紙

靴上地
2枚

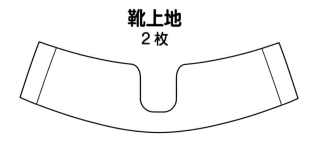

ベルト
2枚

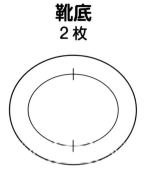

靴下地
2枚

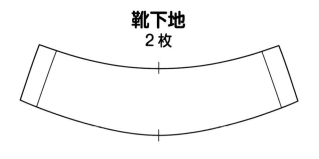

靴底
2枚

※すべて15cm立ちサイズ。サイズの変え方はP27。

マスク型紙

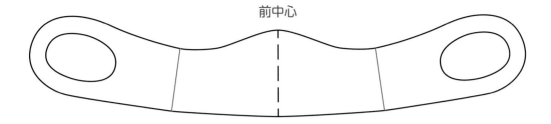

前中心

リュック型紙

本体

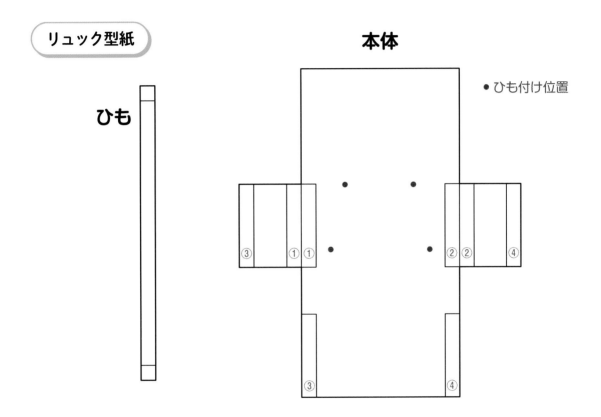

ひも

● ひも付け位置

ベルト型紙

ベルト

ベルトループ位置

ベルトループ

ロング袖パーカーの作り方

A

材料

- お好みの布（白、チェック、茶）
- 平ゴム（3mm幅）…5cm×2本
- お好みの刺繍糸または丸ゴム（直径1mm）
- お好みのタグ
- 手縫い糸、手芸用接着剤

型紙

P51（パーカー）
P118（袖、裾）
P35（ズボン・立ち）

1. 型紙を使って布を切る。裾パーツの型紙の☆部分以外と、袖パーツの☆の対向の長辺の縫い代を処理する（P21参照）。

2. 処理した袖口の裏側の5mm内側に平ゴムを伸ばしながらなみ縫いで縫い付ける。（ミシンを使うとより付けやすい）

3. 袖の☆部分を、P53 ⑦まで作って裾の縫い代を処理したパーカーの身頃に本返し縫いで縫い付ける。裾の☆部分は貼る。

4. きほんのパーカーと同様に作る。

5. ズボンはきほんのズボン（P34）と同様に作る。お好みでタグを付ける。

秋コーデの作り方

K

材料

- お好みの布（赤、小花柄、グレーのソフトボア）
- お好みのリボン（グレー）
- 手縫い糸、手芸用接着剤

型紙

P27（Tシャツ）
P39（サロペット）
P47（ケープ小）

きほんのTシャツ（P26）、きほんのサロペット（P38）、
きほんのケープ（P46）と同様に作る。

※靴はP122。

ニット帽 の作り方

H

｛材料｝

◆ お好みのレッグウォーマー
◆ ほつれ止め液
◆ お好みの飾り（ポンポン）　◆ 手縫い糸

丸型

① レッグウォーマーの上か下をぬいの頭の大きさ
　に長さを合わせてカットする（目安は8.5cm）。
　切り口にほつれ止め液を塗る。

② 裏返しにして、切り口の端から5mmの位置を
　一周ぐるっと、ぐし縫いする。

> **Point!** ぐし縫いは、なみ縫いの目
> を細かくした縫い方。

③ ぐし縫いした糸をぎゅっと絞って、玉止めする。
　表に返す。お好みでポンポンなどの飾りを縫い
　付ける。

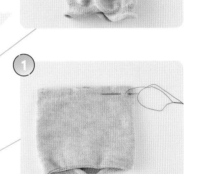

猫耳風

① ニット帽①までは同じ。中表でわをつぶ
　した状態で2枚を合わせ、切り口の端か
　ら5mmの位置を半返し縫い（P127）でま
　っすぐ縫う。

② 表に返す。お好みで飾りを付ける。

> **Point!** レッグウォーマー片足で約
> 2つ分の帽子が作れます。

おしゃれワンピ①② の作り方

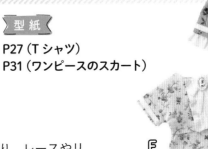

｛材料｝

◆ お好みの布（小花柄）
◆ お好みの飾り
　（レース、リボン、ネイルパーツなど）
◆ 薄型面ファスナー（1cm幅）
◆ 手縫い糸、手芸用接着剤

｛型紙｝

P27（Tシャツ）
P31（ワンピースのスカート）

きほんのワンピース（P30）と同様に作り、レースやリ
ボン、ネイルパーツで飾る。

カンカン帽の作り方

材料

- ◆ ペットボトルキャップ…1個
- ◆ 麻ひも　◆ 厚紙
- ◆ お好みのリボン　◆ シールフェルト
- ◆ ゴムテグス（1mm幅）
- ◆ 両面テープ、木工用接着剤

① 厚紙に好みの大きさの円（目安は直径5cm）を書き、切る。片面全体に両面テープを貼る。

② ①の中央にペットボトルキャップを置く。ペットボトルキャップの側面と上面全体に両面テープを貼る。

③ キャップの上面中央から厚紙の端に向かって、渦巻き状に麻ひもを貼り付けていく。お好みでリボンを付ける。

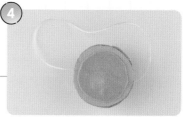

④ シールフェルトを底の大きさに合わせて丸く切り、ゴムテグスを挟んで接着剤で③の底に貼る。ぬいにかぶせてテグスを結び、長さを合わせる。

靴の作り方

材料

- ◆ お好みの布（合皮、フェルト）
- ◆ お好みの飾り（ネイルパーツ、リボンなど）
- ◆ 手芸用接着剤

型紙

P 118（靴）

① 型紙を使って布を切る。靴下地の上に靴上地を重ねて巻いて接着剤で貼り止める。

② 合印に合わせて底を貼る。乾いたら、余分なフェルトをカットする。

マスク の作り方

ⓖ

材料
◆ お好みの布（合皮、フェルト）
◆ ほつれ止め液

型紙
P 119（マスク）

① 型紙を切り、ぬいに合わせて調整する。幅が大きい場合は写真のように型紙の赤線で折って調整する。長い場合は耳の穴を大きくする。

② 調整した型紙を使って布を切る。必要な場合はほつれ止め液を塗る。お好みで動物の顔などを描いてもかわいい。

リュック の作り方

ⓑ

材料
◆ お好みの布（合皮、フェルト）
◆ 手芸用接着剤
◆ お好みの飾り（ボタン、ネイルパーツ）

型紙
P119（リュック）

① 型紙を使って布を切る。

② 型紙の番号順に脇、手前を接着剤で貼り止める。

③ ②の背中にひもを貼り止める。縫うと丈夫に仕上がる。

④ お好みで留め具部分やベロを作ったり、ボタンやネイルパーツなどで飾る。

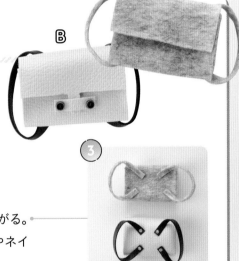

ベルト の作り方

ⓒ

材料
◆ お好みの布（合皮）
◆ 丸カン（内径8mm）…… 1〜2個
◆ 手芸用接着剤

型紙
P 119（ベルト）

① 型紙を使って布を切る。

② 穴あけポンチや目打ちなどでベルト穴を開ける。跡を付けるだけでもよい。

③ 型紙の位置にベルトループを付ける。丸カンを通し、端を裏側に折って貼り止める。

ぴよぴっこさんが教える
靴下で作るニット服

人気作家のぴよぴっこさんに、靴下で作るかわいくて
簡単なニット服の作り方を教えてもらいました。

お好みの
キッズ用靴下を選ぶだけ

伸縮性があるので
着脱しやすい

靴下トップス型紙（15cm）

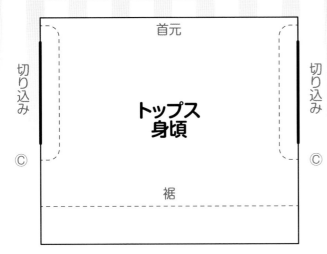

切り込み ⓒ	トップス身頃	切り込み ⓒ

首元

裁
裾

―――――――― 裁断ライン
- - - - - - - - 縫製ライン

トップス袖

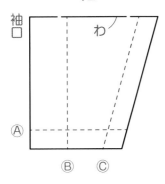

袖口

わ

Ⓐ

Ⓑ　Ⓒ

靴下ボトムス型紙（15cm・立ち）

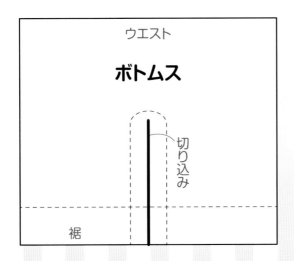

ウエスト

ボトムス

切り込み

裾

材料

◆ **お好みの靴下**

　トップス、ボトムスともに靴下は履き口5〜7cm、足首丈6cm以上あるものを使う。キッズサイズがちょうどよい。もし横幅が型紙より小さければ、伸びるので型紙に合わせず作ってもよい。その場合は裾までの長さや切り込み位置を型紙に合わせる。

◆ **手縫い糸**

切り方

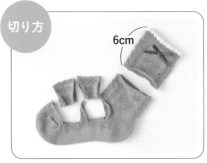

6cm

　履き口にトップス身頃の型紙を合わせて切る。長さで言うと6cm。トップス袖はわの位置を靴下の甲に合わせて切り出す。身頃には型紙の所定の位置に切り込みを入れる。

丈を変えてアレンジ自在！

　ワンピースにしたいときは、身頃の型紙を縦に伸ばす。目安として9cm。ショート丈にしたいときは反対に短くする。目安として4cm。

切り方

　履き口にボトムスの型紙を合わせて切る。長さで言うと6cm。股下には切り込みを入れる。

靴下トップス の作り方

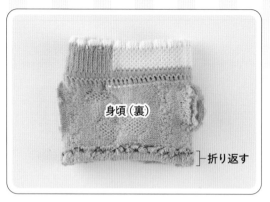

① 裾を1cm裏側に折り返し、千鳥掛け（P127）で縫う。

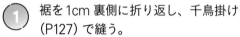

② 袖の長い辺（Ⓑ）を1cm裏側に折り返して、千鳥掛けで縫う。

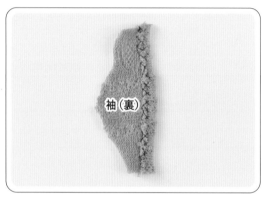

③ ②を中表で半分に折り、縫い代5mmでⒶを半返し縫いで縫う。もう1枚も同様にする。

④ 身頃の切り込みに、表に返した③を裾から差し込む。わを上にしてⒸを合わせる。

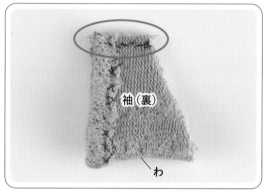

⑤ 縫い代を5mm取って（Ⓒ）半返し縫いで縫い合わせる。もう片方も同様にする。表に返す。

靴下ボトムスの作り方

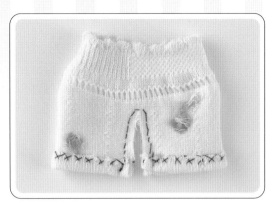

① 裾を1cm 裏側に折り返し、千鳥掛け（P127）で縫う。

② 股を合わせ、股の切り込みの周囲に縫い代を5mm 取り、半返し縫いでU字に縫い合わせる。股の縫い代に切り込みを入れてから表に返す。

ここで使った縫い方

千鳥掛け

糸を斜めに交差させて布の端をかがっていく縫い方。伸縮性があるのでニット生地にピッタリ。

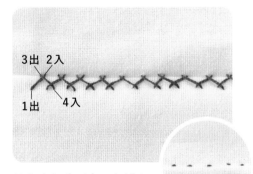

3出　2入
1出　4入

表から見ると

針を出し（1出）、右斜め上に針を入れ（2入）て少し布をすくい、糸を出す（3出）。右斜め下に針を入れ（4入）、少し布をすくい、糸を出す。これをくり返す。

※左利きの場合は逆になる。

半返し縫い

半目だけ返しながら縫う方法。本返し縫いより早くて伸縮性があるのでニット生地に合う。

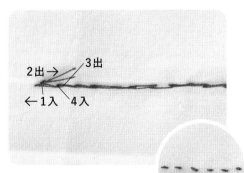

2出→　3出
←1入　4入

表から見ると

本返し縫い（P21）を半目で行う縫い方。針を裏から刺し、表に出す。半目戻って針を入れ、針を出した位置から1目先に針を出す。これをくり返す。

おうちリラックス

ぬいとおうちでまったりしたい日にぴったり。
夜は手作りおふとんで寝かせてあげて。

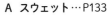

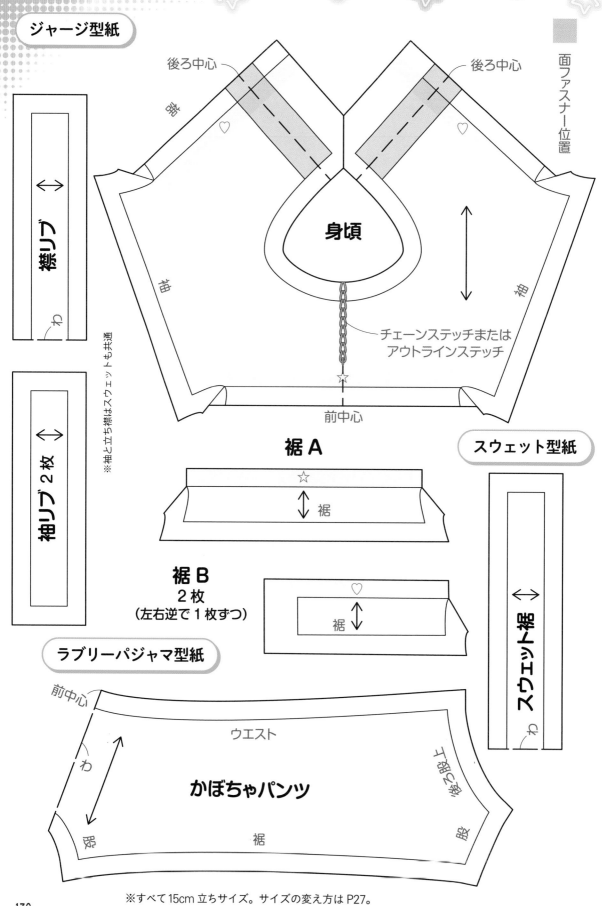

ジャージ型紙

後ろ中心

後ろ中心

面ファスナー位置

襟

襟

♡

♡

身頃

チェーンステッチまたは
アウトラインステッチ

袖

袖

前中心

襟リブ

わ

※袖と立ち襟はスウェットも共通

袖リブ 2枚

裾 A

☆

裾

スウェット型紙

裾 B
2枚
（左右逆で1枚ずつ）

♡

裾

スウェット裾

わ

ラブリーパジャマ型紙

前中心

わ

ウエスト

後ろ股上

股

かぼちゃパンツ

股

股

裾

※すべて15cm立ちサイズ。サイズの変え方はP27。

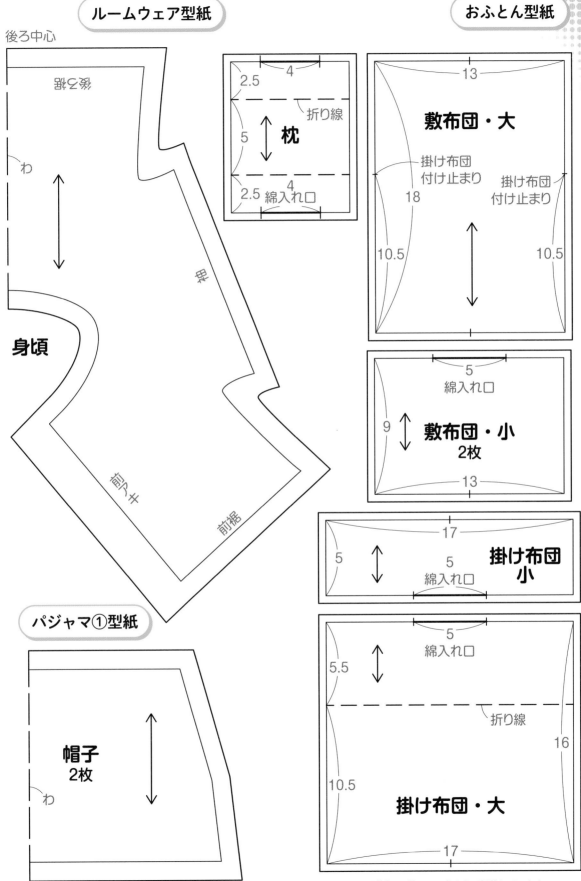

ルームウェア型紙

後ろ中心

後ろ裾

わ

身頃

袖

袖入れ口

前裾

パジャマ①型紙

帽子
2枚

わ

枕

2.5 / 4
折り線
5
2.5 / 4 綿入れ口

おふとん型紙

敷布団・大
13
掛け布団
付け止まり
18
掛け布団
付け止まり
10.5 / 10.5

敷布団・小
2枚
5
綿入れ口
9
13

掛け布団
小
17
5
5
綿入れ口

掛け布団・大
5
綿入れ口
5.5
折り線
16
10.5
17

おふとんの型紙は4分の1の大きさで掲載しています。
250％に拡大コピーをしてご使用ください。単位はcm。

131

パジャマ① の作り方

材料

- ◆ お好みの布（水色）
- ◆ お好みのボタンや飾り
  （リリヤーンひも、ポンポン）
- ◆ 薄型面ファスナー（1cm幅）
- ◆ 手縫い糸、手芸用接着剤

型紙

P43（シャツ）
P35
（ズボン・立ち）
P131（帽子）

B

シャツ・ズボン

きほんのシャツ（P42）、ズボン（P34）と同様に作る。襟、袖、裾にリリヤーンひもを接着剤で貼って飾る。

帽子

① 帽子の型紙を使って布を切り、それぞれふちの縫い代を処理する（P21参照）。

② 2枚を中表に合わせ、残り3辺を本返し縫いで縫い合わせる。ふちにリリヤーンひもを付ける。

③ 表に返し、角にポンポンを縫い付ける。ポンポンの中心に向けて針を入れると頑丈になる。

③

パジャマ② の作り方

材料
- ◆ お好みの布（グレー）
- ◆ お好みのボタン（グレー）
- ◆ 薄型面ファスナー（1cm幅）
- ◆ 手縫い糸、手芸用接着剤

型紙

P43（ジャケット）
P35（ズボン・立ち）

©

きほんのジャケット（P42）、きほんのズボン（P34）と同様に作る。

ラブリーパジャマ の作り方

材料

- ◆ お好みの布（紫）
- ◆ 平ゴム（3mm幅）…12cm×1本、6cm×2本
- ◆ お好みの飾り（リボン、飾りひも）

型紙

P57（ハーフトップ）
P31（ワンピースのギャザースカート）
P130（かぼちゃパンツ）

F

トップス

① ハーフトップはP58②まで作る。ギャザースカートは裾を処理する（P21参照）。

② ハーフトップとギャザースカートをワンピースのように本返し縫いで縫い合わせてから背中を縫う。お好みでリボンや飾りひもを飾る。

②

かぼちゃパンツ

① ウエストと裾の縫い代を処理する。

② ウエストに12cm、裾に6cmの平ゴムを伸ばしながらなみ縫いで縫い付ける。余ったゴムはカットする。

②

③ きほんのズボン（P34）と同様に作る。

スウェットの作り方

A

材料

◆ お好みの布（グレー）
◆ お好みの刺繍糸（黒）
◆ 薄型面ファスナー（1cm 幅）
◆ 手縫い糸、手芸用接着剤

型紙

P27（T シャツ）
P130（襟リブ、袖リブ、スウェット裾）
P35（ズボン・立ち）
P139（ズボン裾）

1

① 型紙を使って布を切る。リブは外表に細長く半分に折り、アイロンをかけ、シャツの襟ぐり、裾、袖、ズボンの裾に縫い合わせる。

② きほんの T シャツ（P26）、ズボン（P34）と同様に作る。お好みで、T シャツに×字の刺繍をアウトラインステッチで入れる。

ジャージの作り方

E

材料

◆ お好みの布（黒、白）
◆ お好みのリボン（3～5mm 幅、白）
◆ 刺繍糸（白）　◆ 薄型面ファスナー（1cm 幅）
◆ 手縫い糸、手芸用接着剤

型紙

P130（身頃、裾 A、裾 B、
　　　襟リブ、袖リブ）
P35（ズボン・立ち）

トップス

① 裾の縫い代を処理し、袖はリブを縫い合わせる。肩から袖にリボンを貼る。襟リブは外表に細長く半分に折り、身頃の襟ぐりと本返し縫いで縫い合わせる。

② 裾 A、B の裾の縫い代を処理し、身頃と合印で合わせて本返し縫いで縫うか貼り合わせる。

ボトムス

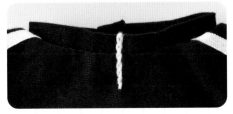

③ きほんの T シャツ（P26）と同様に作る。お好みでチェーンステッチでチャックのように刺繍する。

④ きほんのズボン（P34）の脇にリボンを貼り、同様に作る。

おふとん＆ミニ枕の作り方

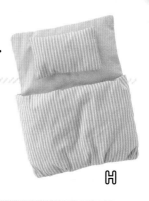

◇◇◇ 材料 ◇◇◇

◆ **お好みの布**（ピンク、ストライプ）
◆ **手芸用綿**
◆ **手芸用接着剤、手縫い糸、しつけ糸**

◇◇◇ 型紙 ◇◇◇

P131（おふとん）
※250％で拡大コピーして使用

掛け布団

① 2枚の布の5cmの綿入れ口がある辺を中表に合わせ、綿入れ口を残して本返し縫いで縫い合わせる。縫い終わったら縫い代を割る。

敷布団

② ①と同様に小2枚を綿入れ口がある辺を中表に合わせ、綿入れ口を残して本返し縫いで縫い合わせる。

③ ①を外表に半分に折り、綿入れ口が内側になるように敷布団・大の表地に重ねて合印で合わせる。ギャザーを寄せながら横幅を合わせて3辺をしつけ糸で仮縫いする。

---

④ ③の上に②を中表に重ね、まち針で口の字型に止める。

⑤ ④をぐるっと1周、本返し縫いで縫い、綿入れ口から表に返す。角の縫い代を斜めにカットすると返しやすい。

ココを縫う

⑥ 掛け布団の綿入れ口から綿を入れる。パンパンに入れず、少な目にするほうがかわいく仕上がる。この綿入れ口は縫いとじなくてもよい。

⑦ 裏返して敷布団の綿入れ口から綿を入れる。パンパンに入れない。掛布団の重なった部分は綿をより少な目にするとかわいく仕上がる。入れ終わったらコの字とじで縫う。

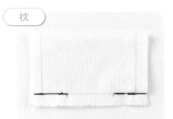

枕

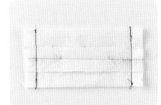

⑧ 枕の布を中表に半分に折る。4cmの綿入れ口がある辺を綿入れ口を残して本返し縫いで縫い合わせ、筒状にして縫い代を割る。

⑨ 縫った部分が中央になるようにたたみ直し、左右の仕上がり線を本返し縫いで縫う。

⑩ 表に返し、綿入れ口から綿を入れる。パンパンに入れないほうがかわいく仕上がる。ここは縫いとじなくてもよい。

⑪ 敷布団に、⑩を綿入れ口の側を下にして接着剤で貼り付ける。

ミニ枕

余った布を長方形2枚にカットし、中表に合わせて3辺を縫い、表に返す。綿を入れてコの字とじで縫う。お好みでレースを付けてもかわいい。

ルームウェア①② の作り方

材料
◆ お好みの布（水色、黒）
◆ 手芸用接着剤、手縫い糸

型紙
P131（ルームウェア）
P61、62（フードと耳）
P51（パーカーのフード）

D

G

ルームウェア①

① 型紙を使って布を切り、きほんの着ぐるみ（P60）のフードを完成させる。身頃は袖口、裾の縫い代を処理し（P21参照）、左右の袖下と脇を中表に合わせて本返し縫いで縫う。

② フードと身頃を前開きになるように中表に合わせて本返し縫いで縫い合わせる。

③ 前アキの縫い代を処理する。

②

ルームウェア②

ルームウェア（P131）の型紙とフード（P51）の型紙を使って布を切り、ルームウェア①と同様に作る。

民族衣装風

ぬいといっしょに旅気分♪
作りやすくてかわいい世界の衣装を
ピックアップしました。

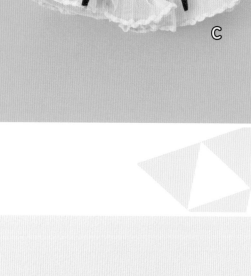

C

A

B

A　カンフー風衣装…P141
B　チャイナ風ケープ…P141
C　チマチョゴリ風ワンピ…P142

D スウェーデン風衣装…P142
E スイス風衣装…P143
F イギリス風衣装…P143

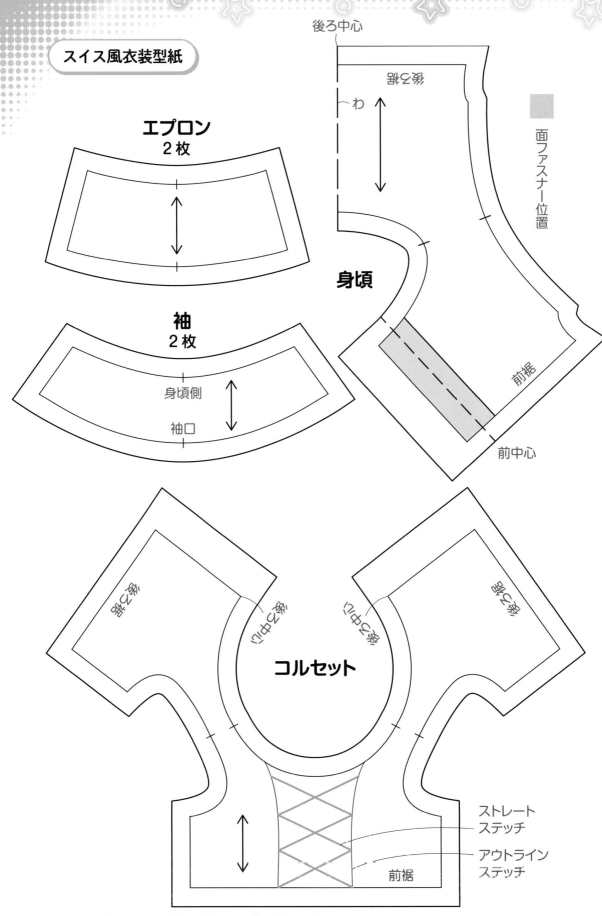

エプロン
2枚

袖
2枚

身頃側

袖口

身頃

後ろ中心

わ

後ろ裾

面ファスナー位置

前裾

前中心

コルセット

後ろ裾

後ろ中心

後ろ中心

後ろ裾

ストレート
ステッチ

アウトライン
ステッチ

前裾

※すべて15cm立ちサイズ。サイズの変え方はP27。

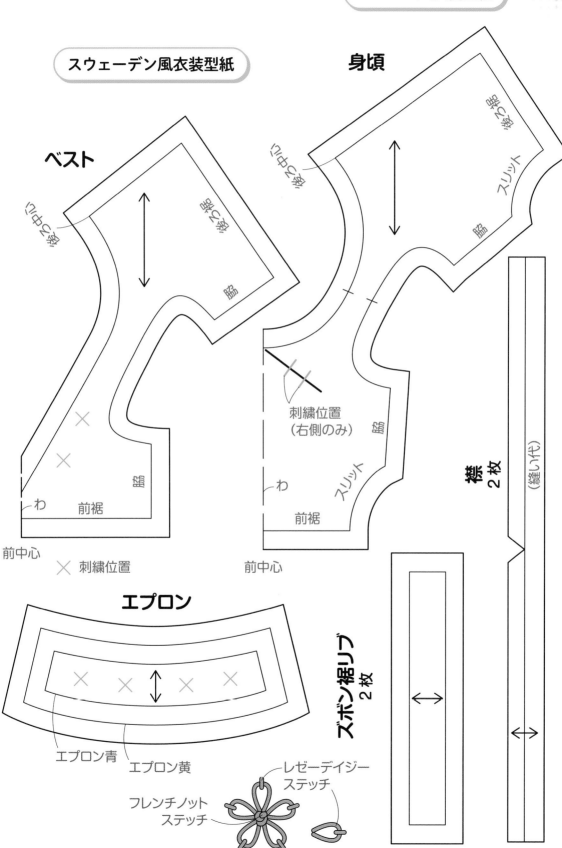

カンフー風衣装型紙

スウェーデン風衣装型紙

身頃

ベスト

後ろ中心

袋ぐり後ろ

後ろ中心

袋ぐり後ろ

スリット

脇

脇

前中心

× 刺繍位置

わ 前裾 脇

刺繍位置
（右側のみ）

わ 前裾 脇

スリット

前中心

衿
2枚

（縫い代）

エプロン

×　×　×　×

エプロン青　エプロン黄

ズボン裾リブ
2枚

レゼーデイジー
ステッチ

フレンチノット
ステッチ

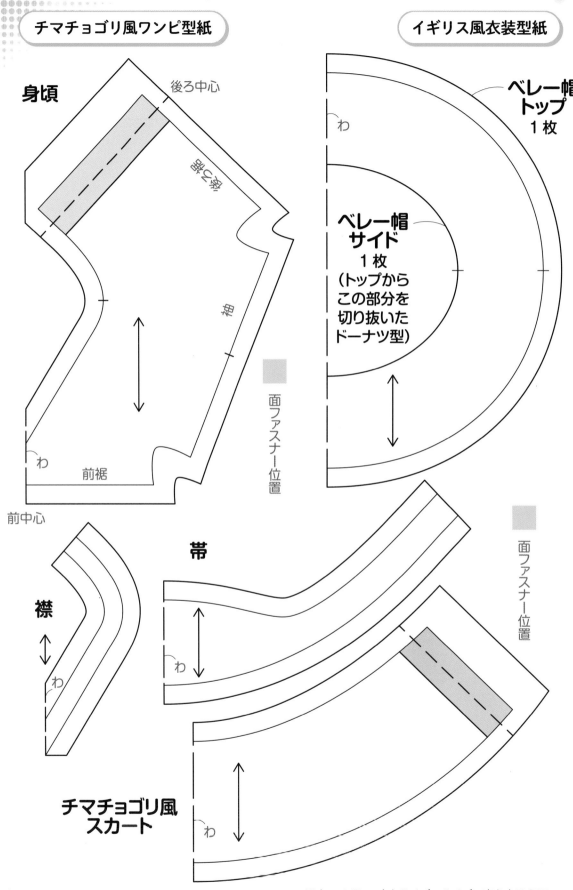

チマチョゴリ風ワンピ型紙

身頃

後ろ中心

後ろ2C幅

袖

前裾

わ

前中心

面ファスナー位置

襟

わ

帯

わ

チマチョゴリ風
スカート

わ

イギリス風衣装型紙

ベレー帽
トップ
1枚

わ

ベレー帽
サイド
1枚
（トップから
この部分を
切り抜いた
ドーナツ型）

面ファスナー位置

※すべて15cm立ちサイズ。サイズの変え方はP27。

カンフー風衣装 の作り方

A

材料

- お好みの布 (赤、黒)
- リリヤーンひも、刺繍糸
- 薄型面ファスナー (1cm幅)
- 手縫い糸、手芸用接着剤

型紙

P139 (カンフー風衣装)
P35 (ズボン・立ち)

トップス

① 身頃の型紙を使って布を切り、袖とスリットの縫い代を処理する (P21参照)。スリットのカーブは縫い代に細かく切れ込みを入れるとよい。

② 襟の型紙より大きい布を半分に折って中表に合わせ、型紙の仕上がり線に沿って本返し縫いで縫い合わせる。縫い目ギリギリでカットして表に返す。縫い代の角を斜めにカットするときれいに返せる。

③ 身頃の襟ぐりと襟を縫い合わせる。

④ 身頃を中表に合わせて脇を縫い、裾の縫い代を処理する。後ろアキの縫い代も処理し、面ファスナーを付ける。

⑤ 裾と襟のふちにリリヤーンひもを接着剤で貼る。左襟は身頃まで続けて貼り、刺繍糸で飾る。

ズボン

スウェット (P133) のズボンと同様に作る。

チャイナ風ケープ の作り方

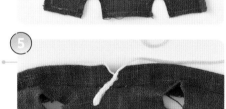

B

材料

- お好みの布
- お好みのチャイナボタン
- お好みの飾り (リボン)
- 薄型面ファスナー (1cm幅)
- 手縫い糸、手芸用接着剤

型紙

P47 (きほんのケープ)

きほんのケープ (P46) と同様に作る。チャイナボタンや太いリボンなどを貼って仕上げる。

スウェーデン風衣装 の作り方

材料

- お好みの布（水色、白、黄色）
- 刺繍糸（白、黄色、黄緑）
- 薄型面ファスナー（1cm 幅）
- 手縫い糸、手芸用接着剤

型紙

P43（シャツ）
P139
（スウェーデン風衣装）
P31（ワンピースのスカート）

D

ワンピース

① 身頃の襟の V 字部分と袖の縫い代に切り込みを入れて処理する（P21 参照）。

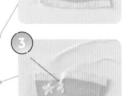

② エプロン（青、黄）の上下左右の縫い代を処理する。エプロン（青）をエプロン（黄）の中央に重ねて接着剤で貼る。

③ エプロンと身頃に花の刺繍を入れる。チャコペンなどで入れたい位置にあらかじめ印をつけておくとよい。ここでは花と葉はレゼーデイジーステッチ、中央の黄色い点はフレンチノットステッチで刺繍している。刺繍が難しければ、刺繍リボンなどを貼ってもかわいい。

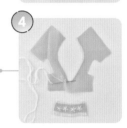

④ スカートの表側にエプロンを貼り、きほんのワンピース（P30）と同様に身頃とスカートを本返し縫いで縫い合わせる。

シャツはきほんのシャツ（P42）と同様に作る。

チマチョゴリ風ワンピ の作り方

材料

- お好みの布（水色、黒）
- お好みのチュール（幅広リボンでも）
- お好みのリボン（黒、3mm 幅）
- スナップボタン…1個
- 薄型面ファスナー（1cm 幅）
- 手縫い糸、手芸用接着剤

型紙

P140（チマチョゴリ風ワンピ）

C

① 型紙を使って布を切り、身頃の袖口と襟ぐり、襟、帯の縫い代を処理する（P21 参照）。

② 身頃の表側に襟を接着剤で貼り付ける。

③ スカートにチュールを重ね、きほんのワンピース（P30）と同様に身頃と本返し縫いで縫い合わせる。

④ 帯にリボンを貼り、後ろに スナップボタンを縫い付ける。

スイス風衣装 の作り方

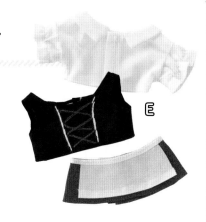

E

◆ 材料 ◆

◆ お好みの布（白、黒、赤）
◆ 平ゴム（3mm）
◆ 薄型面ファスナー（1cm 幅）
◆ お好みのリボン（3mm 幅）… 14.6cm×1本
◆ 刺繍糸（赤、黄色）　◆ 手縫い糸、手芸用接着剤

◆ 型紙 ◆

P138（スイス風衣装）
P31（スカート）

パフスリーブシャツ

身頃と袖の型紙を使って布を切り、袖口側に平ゴムを伸ばしながらなみ縫いで縫い付け余ったゴムはカットする。ミシンだとより付けやすい。袖の反対側と身頃の袖ぐりを中表に合わせて縫い合わせ、きほんのシャツ（P42）と同様に作る。

コルセット

型紙を使って布を切り、写真のように刺繍糸を2本取りにして刺繍を入れる。きほんのハーフトップ（P56）と同様に作る。

スカート

① スカートの型紙を使って布を切り、縫い代を処理したエプロンを表側の中央に重ねて接着剤で貼る。

② きほんのスカート（P30）と同様に作り、ウエストラインにリボンを貼る。お好みで後ろにもリボンを貼る。

イギリス風衣装 の作り方

F

◆ 材料 ◆

◆ お好みの布（白、黒、チェック）
◆ フェルト（黒）
◆ お好みの飾り（ボタン、リボン）
◆ 薄型面ファスナー（1cm 幅）
◆ 手縫い糸、手芸用接着剤

◆ 型紙 ◆

P43
（シャツ、ジャケット）
P31（スカート）
P140（ベレー帽）

ベレー帽

型紙を使ってフェルトを切る。トップとサイドを中表に合わせ、本返し縫いで縫い合わせ、表に返す。

ジャケット、シャツ、スカートはきほん（P42、P30）と同様に作る。ジャケットにはV字に金ボタンを、シャツには黒リボンを付ける。

ユニーク着ぐるみ

ぬいをとびきりかわいくするならこれ。
きほんよりむずかしいけれど、ぜひチャレンジしてみてください。

C

D

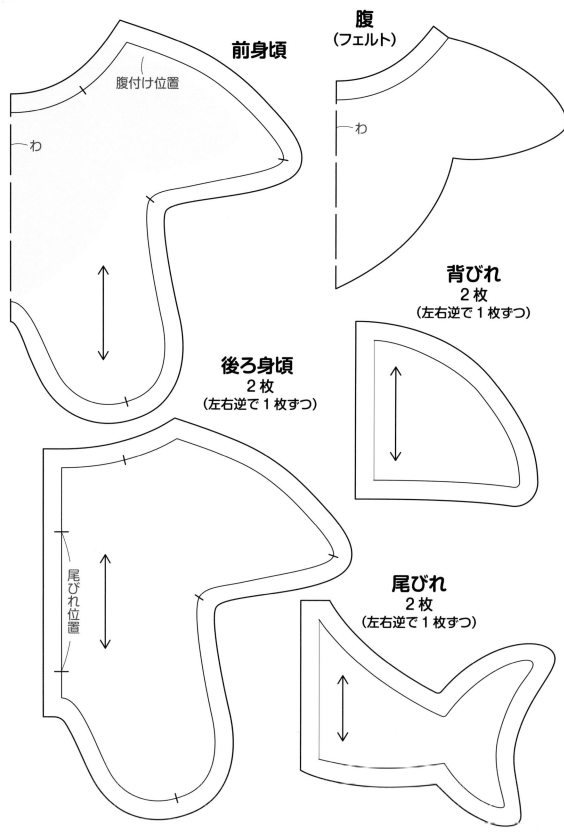

前身頃

腹付け位置

わ

腹（フェルト）

わ

背びれ
2枚
（左右逆で1枚ずつ）

後ろ身頃
2枚
（左右逆で1枚ずつ）

尾びれ
2枚
（左右逆で1枚ずつ）

尾びれ位置

※すべて15cm立ちサイズ。サイズの変え方はP27。

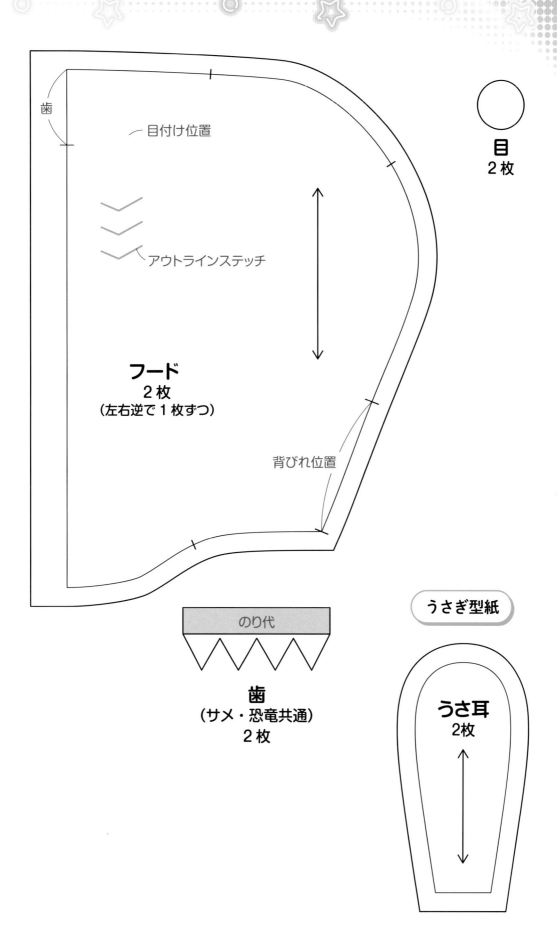

歯

目付け位置

アウトラインステッチ

フード
2枚
（左右逆で1枚ずつ）

背びれ位置

目
2枚

のり代

歯
（サメ・恐竜共通）
2枚

うさぎ型紙

うさ耳
2枚

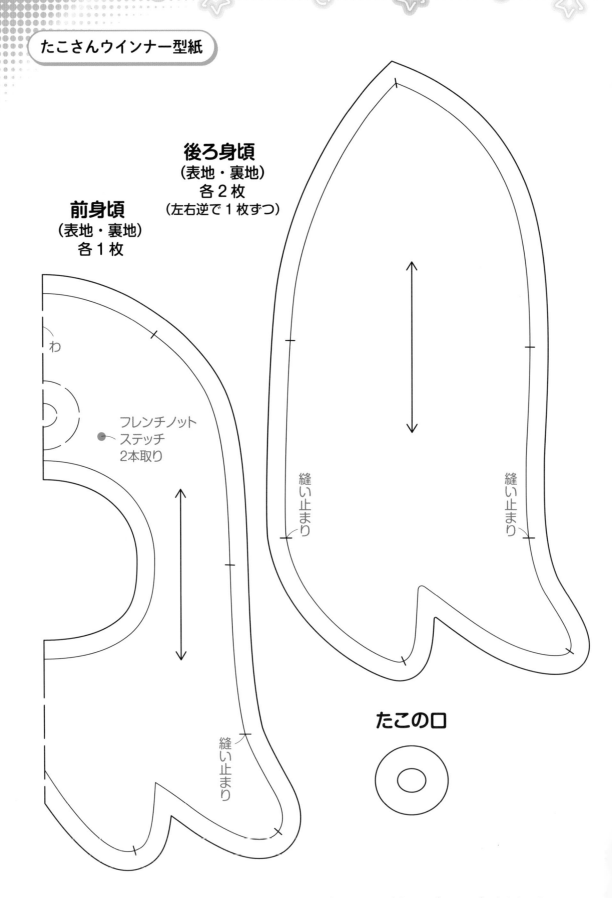

たこさんウインナー型紙

後ろ身頃
（表地・裏地）
各2枚
（左右逆で1枚ずつ）

前身頃
（表地・裏地）
各1枚

わ

フレンチノット
ステッチ
2本取り

縫い止まり

縫い止まり

縫い止まり

たこの口

※すべて15cm立ちサイズ。サイズの変え方はP27。

恐竜型紙

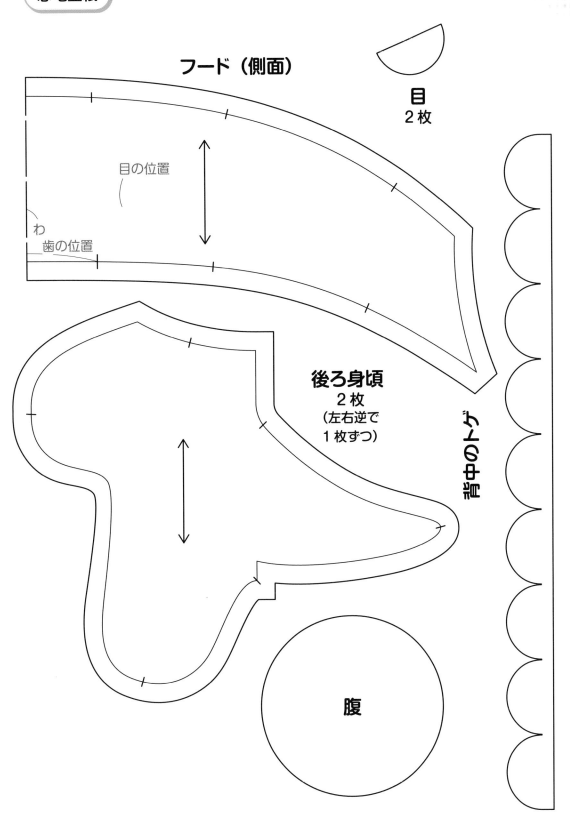

フード（側面）

目
2枚

目の位置

わ
歯の位置

後ろ身頃
2枚
（左右逆で
1枚ずつ）

背中のトゲ

腹

サメの作り方

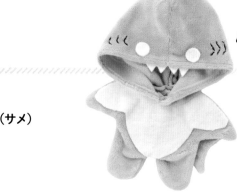

A

▶ 材料 ◀

◆ お好みの布（水色）
◆ フェルト（白）
◆ 刺繍糸（黒）
◆ 手芸用接着剤、手縫い糸

▶ 型紙 ◀

P146、147（サメ）

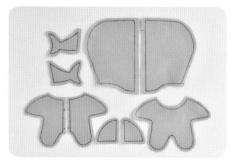

① 型紙を使って布を切る。

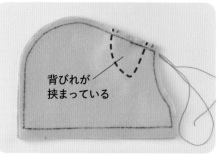

背びれが
挟まっている

② 背びれの2枚を中表に合わせ、型紙の青い線の部分以外を本返し縫いで縫い合わせて表に返す。フード2枚を中表に合わせ、背びれを挟んで後ろ側を縫い合わせる。

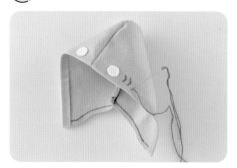

③ フードの顔まわりの縫い代を処理し（P21参照）、表に返す。目の型紙を使ってフェルトを切り、接着剤でフードに貼る。チェーンステッチでエラを刺繍する。

Point!

表に返した背びれを挟むこと。背びれの青い線の部分とフードの仕上がり線を合わせる。向きを間違えないように。

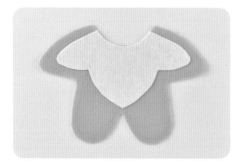

④ 腹の型紙を使ってフェルトを切り、接着剤で前身頃に貼る。

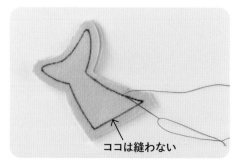

ココは縫わない

⑤ 尾びれの2枚を中表に合わせ、青い線の部分以外を本返し縫いで縫い合わせて表に返す。

Point!
縫い代に切り込みを
入れないとうまく表に
返せないので必ず入
れる。

⑥ 後ろ身頃を中表に合わせ、⑤を挟んで背中を本返し縫いで縫う。前身頃④と中表に合わせ、襟ぐり以外を本返し縫いで縫って表に返す。

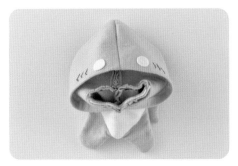

⑦ ③と⑥の首まわりを中表に合わせて本返し縫いで縫う。

⑧ 歯の型紙を使ってフェルトを切り、フードの裏側に接着剤で貼る。

うさぎの作り方

Ⓓ

【 材料 】

◆ お好みの布
（オレンジ、チェック）
◆ お好みの飾り
（リボン、ネイルパーツ）
◆ 手縫い糸、手芸用接着剤

【 型紙 】

P147（うさ耳）
P61、62（ボディ、フード）

① うさ耳の型紙を使って外側の耳2枚、別の布で内側の耳2枚の布を切る。

② 耳のみ①を使い、きほんの着ぐるみ（P60）と同様に作る。

③ 胸元にお好みのリボンなどを飾る。

たこさんウインナー の作り方

材料

- ◆ お好みの布（赤、ピンク）
- ◆ フェルト（口用、ピンク）
- ◆ 刺繍糸（黒）
- ◆ 手縫い糸、手芸用接着剤

型紙

P148
（たこさんウインナー）

B

表地（裏）

① 前身頃の表地と裏地を中表に合わせ、顔の穴を本返し縫いで縫い合わせる。

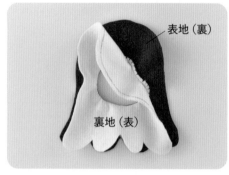

表地（裏）

裏地（表）

② ①の縫い代に切り込みを入れ、顔の穴から表に返す。

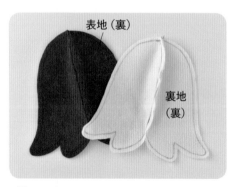

表地（裏）

裏地（裏）

③ 表地、裏地それぞれの後ろ身頃2枚を中表に合わせ、背中を本返し縫いで縫う。

（裏）（裏）

④ 表地の前身頃と後ろ身頃を中表に合わせ、足以外を縫い止まりから縫い止まりまでぐるっと本返し縫いで縫う。裏地も同様に縫うと、写真のように全部がつながる。

⑤ 足から表に返して着ぐるみの状態にする。

⑥ 足の表地と裏地を接着剤で貼り合わせるか、かがって縫い合わせる。

⑦ たこの口を指定の位置に貼り、刺繍糸を2本取りにしてフレンチノットステッチで目を付ける。

恐竜 の作り方

ⓒ

材料

◆ お好みの布（黄緑、緑）
◆ フェルト（白、緑、黄）
◆ 手縫い糸、手芸用接着剤

型紙

P149（恐竜）
P147（歯）
P62（フードの後ろ）
P61（前ボディ）

① 型紙を使って背中のトゲ以外の布を切る。背中のトゲ用のフェルトを2枚重ねて接着剤で貼り合わせる。接着剤が乾いたら、背中のトゲの型紙通りに布を切る。

② 後ろ身頃を2枚中表に合わせ、背中と尻尾を本返し縫いで縫い合わせる。

③ 腹を前身頃に接着剤で貼り付ける。

④ きほんの着ぐるみ（P60）の⑥～⑬と同様に作る。

⑤ フードの表側に目、裏側に歯を接着剤で付ける。

⑥ フードのてっぺんから、しっぽの先まで、①のトゲを接着剤で付けていく。

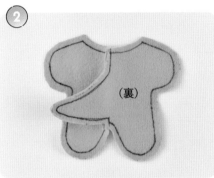

② （裏）

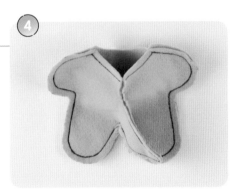

④

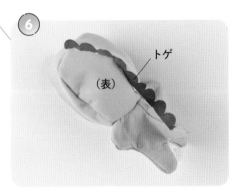

⑥ （表） トゲ

なるとさんが教える

かぎ針編みの
かんたん小物

編み物をしたことがない人でも作れる、
3種類の小物の作り方を、人気作家のなるとさんに教えていただきました。

秋冬はやっぱり
毛糸がかわいい♡

154

かぎ針編みのきほん

編み物には大きく分けてかぎ針編みと棒針編みがあります。
ここではかぎ針編みで作る方法を紹介します。

きほんの道具と材料

ここで使う道具と材料を紹介します。
すべて100円ショップでも手に入ります。

6/0号の
かぎ針

号は針の太さを表す。
ここでは糸の太さに合
わせて6/0号を使用。

並太ひと玉で
マフラー、帽子、
ケープが全部編める!

毛糸
（並太）

並太とは太さのこと。太さが変わ
ると出来上がりも変わる。

とじ針

糸端の始末に使う。縫い
針より太く、先端が丸い。

はさみ

手芸用のはさみであれ
ばどんなものでも OK。

きほんの編み方

ここで使う編み方は3つだけです。
くわしくは P156 から写真で紹介します。

くさり編み

例

針に糸をかけて引き
抜く。

編み図の記号

こま編み

例

針を入れて糸をかけ
て引き出し、さらに
糸をかけて2ループ
同時に引き抜く。

×

編み図の記号

※ここでは半目を拾う方法で紹介。

引き抜き編み

例

目に針を入れ、糸を
かけて引き抜く。

編み図の記号

マフラーを編んでみよう

いちばんシンプルなマフラー。
かぎ針のきほんも覚えられるので、
まずはマフラーからチャレンジしてみましょう。

材料 ◆ **お好みの毛糸（並太）約5g**

編み図

P155で示した記号が編み方を表す。小さい
ぬい用のミニサイズの場合はくさり編み35
目、こま編み2段でできる。

できあがりサイズ 長さ29cm ×幅約2cm
（赤のマフラーは小さいぬい用のミニサイズ。
長さ15cm ×幅約1cm）

立ち上がりのくさり

立ち上がり
のくさり

×印の編み図 →3 →2 段数 →1

編み始め

立ち上がりのくさり

作り目（くさり編み 60目）

---

① 針を持つ

利き手の親指と人差し指でグ
リップ部分を持ち、中指を添
える。針先は下を向ける。

② 糸をかける

反対側の手の小指と薬指の間
に糸端を挟み、人差し指にま
わしかけて親指と中指で挟む。

編み始める前の両手

---

③ 針に糸をかける

針を糸の手前に添える。矢印
の向きでくるりと回して糸を
かける。

糸がかかったところ。

④ 最初の目を編む

針に糸をかけ、矢印のように
引き抜く。

⑤ くさり編みを編む

④と同様に針に糸をかけて、引き抜く。

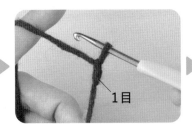

1目

引き抜いたところ。くさり編みが1目編めた。

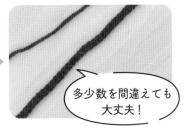

多少数を間違えても大丈夫！

同様にくさり編みを60目と2段目の立ち上がり1目を編む。

⑥ 裏山を拾う

裏山

くさり編みの裏側にあるこぶを裏山という。1目とばした2目めの裏山に針を入れる。

⑦ こま編みをする

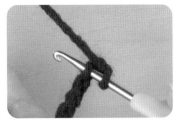

裏山に針を入れたところ。

くさり編みと同様に糸をかけ、引き出す。

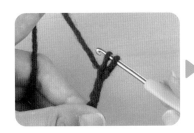

2つのループができる。

さらに針に糸をかけ、2つのループをくぐらせて引き抜く。

こま編みが1目編めた。同様に裏山に60目、こま編みを編んでいく。

⑧ 編み図通り編む

60目編んだら、④のように立ち上がりのくさり編み1目を編み、裏返す。2段目はこま編みの頭に針を入れて、こま編みを60目編む。これを3段分行う。

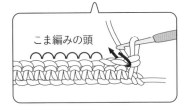

こま編みの頭

⑨ 糸の始末をする

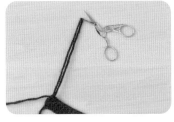

編み終わったら、針にかかったループを10cmくらい伸ばし、カットする。

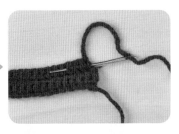

糸端をとじ針に通し、編み地の裏にくぐらせる。余った糸はカットする。編み始めの糸も同様に処理する。

帽子を編んでみよう

帽子もきほんの編み方でできます。
糸を変えるだけで麦わら帽子も作れます。

材料

◆ お好みの毛糸（並太）約21g ※麻糸の場合は約31g

作り方と編み図

編み始めが輪になり、そのまま円状に編む。
∨の記号は同じ目に2目こま編みをするとい
う意味。麻糸で編むと、麦わら帽子になる。

\麦わら帽子/

できあがりサイズ
頭周り9.5cm ×高さ14.5cm
端をくるっと折って被せます。

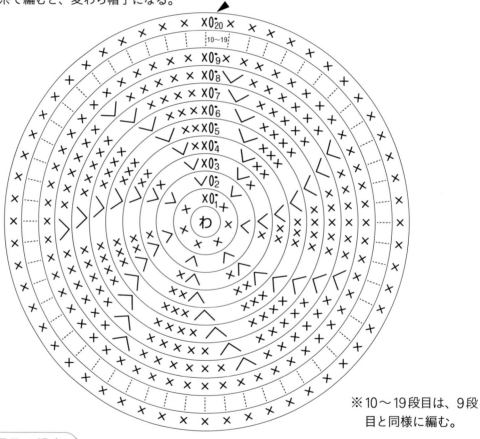

※10〜19段目は、9段
目と同様に編む。

15段目までは上記の帽子の編み図で16段目以降は下記の編み図で編みます。

16段めはすじ編み（前段
のこま編みの頭の手前側
だけすくうこま編み）

わの編み方

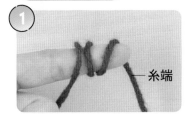

①

指に糸を2回巻き付ける。

②

わを指からはずし、ほどけないように左手で押さえる。わの中に針を入れて糸をかけて引き出す。わを押さえたまま、立ち上がりのくさり1目を編む。

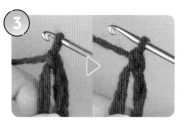

③

わの中に針を入れてこま編みを1目編む。同様にしてわの中にこま編みを合計7目編む。

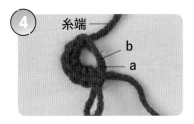

④

針にかかったループを少し広げて一度針をはずし、糸端を軽く引く。動いたほうの糸aを引き、bの糸を引き締める。

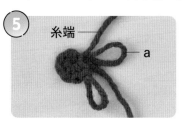

⑤

糸端を引いてaの糸を引き締める。

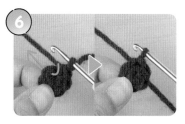

⑥

糸に針を戻して、1目めのこま編みの頭に針を入れ引き抜き編みを編む。1段めが編めた。そのまま編み図通りに編む。

ケープを編んでみよう

ケープはマフラーのように編めます。
お好みのリボンやポンポンで飾って。

材料
◆ 毛糸（並太）約4g　◆ 手芸用接着剤または手縫い糸
◆ 薄型面ファスナー（5mm角に切る）
◆ お好みのリボンやポンポン

できあがりサイズ
長さ約20cm × 幅約11.5cm

作り方と編み図

マフラーと同様に編む。∨の記号のところは同じ目にこま編みが2目入るので、広がりのある形になる。

同じ目にこま編みを2目を編み入れたところ。

×× ×0	←5
0× ××××××××××××××××××××××××××××××××××××××	→4
×× ×0	←3
0× ∨ × ∨ × ∨ × ∨ × ∨ × ∨ × ∨ × ∨ × ∨ × ∨ × ∨ × ∨ ×	→2
⊠ ××××××××××××××××××××××××××××××××××× ⊠0	←1

編み始め

←────── 作り目（くさり編み 25目）──────→

面ファスナー位置　　　　　　　　　　　　　　　　　面ファスナー位置

監修 遠藤亜希子（えんどう・あきこ）

人形服作家。StudioR主宰。東京都生まれ。両親の影響で子どもの頃から洋裁・手芸に親しむ。洋裁学校卒業後、本格的にドール服の制作を始め、2003年より東京・横浜各地でドールやぬいぐるみの服作りを型紙制作から学ぶ教室を開催。教室ではぬいのほか、球体関節人形やテディベアなどどんなコにも対応。和やかな雰囲気と細やかな指導で、予約困難なほどの大人気ぶり。好きなことはミニチュア収集とドールハウス作り、得意な服のジャンルはアーリーアメリカンファッション。

https://studioruby.jimdofree.com/
X（旧Twitter）：@studio_ruby
Instagram：@ruby_dolldressmaking

ぬい服制作＆型紙制作

遠藤亜希子 ── PART2、カンカン帽、ニット帽、おふとん

まろまゆ ── 通園バッグ、マイク＆マイクスタンド、ロング袖パーカー、靴、スウェット、パジャマ①、ルームウェア①、ジャージ、ラブリーパジャマ、カンフー風衣装、チマチョゴリ風ワンピ、スウェーデン風衣装、スイス風衣装、イギリス風衣装、サメ、たこさんウインナー、恐竜
X：@maromayu328nui

さらり ── ツナギ、エプロン、白衣、聴診器、ベスト、蝶ネクタイ、オフィススーツ、社員証ケース、秋コーデ
X：@sarari_nui

KoJica ── マリン風衣装①②、妖精風衣装、魔王風衣装、浴衣、下駄
Instagram：@bmb.forest

グッズプロ ── 学ラン①、応援団服＆タスキ＆はちまき、セーラー服、ブレザー①、体操服＆ビブス、忍者風衣装、着物＆羽織風衣装、袴風衣装
https://lit.link/goodspro X：@goods_pro

まち ── 眼帯、リュック、ベルト、マスク
X：@machimiano

rii ── 王子様ケープ＆シャツ、おしゃれワンピ①②
X：@rii_nui_159

ぴよぴっこ ── 靴下服で作るニット服
X：@piyopicco

かぎ針編み監修＆編み図＆作品制作　なると　X：@amigoo_amigoo
ぬい服制作協力　渋谷香、浅海鳥、栗山るみ子、永山超子
撮影　林均
スタイリング　みつまともこ
ぬい協力　グッズプロ、まろまゆ、ひかげすみひと
イラスト　スタジオダンク、門司美恵子
型紙制作　株式会社ウエイド手芸制作部　田村浩子
校閲　海老原順子
校正　ペーパーハウス
ブックデザイン　加藤美保子
DTP　チャダル108
編集協力　株式会社アルバ、川上靖代（PART1）

※本書に掲載されている作品・型紙・編み図を商用利用（販売・展示）することは禁じられています。

はじめてでも絶対作れる！ぬい服大全313

2023年10月30日発行　第1版
2024年11月20日発行　第1版　第3刷

監修者　遠藤亜希子
発行者　若松和紀
発行所　株式会社 西東社
〒113-0034　東京都文京区湯島2-3-13
https://www.seitosha.co.jp/
電話　03-5800-3120（代）
※本書に記載のない内容のご質問や著者等の連絡先につきましては、お答えできかねます。

ISBN 978-4-7916-3300-5